테마별 실무서 12

가업승계 세무

한국세무사회

발간사

　세무사는 공공성있는 세무전문가로 납세자권익 보호와 성실한 납세의무 이행에 이바지하는 사명이 있습니다. 이 때문에 세무사는 모름지기 높은 전문성과 책임성을 갖춰야 하고 이를 위한 연구와 교육은 아무리 강조해도 지나치지 않습니다.

　한국세무사회는 그동안 많은 세법책과 실무서를 발간하면서 회원의 전문성과 책임성을 함양하기 위해 노력해왔습니다. 하지만 회원보다는 관성적인 출판에 그치고 저자 편의가 앞서 사업현장의 회원님을 만족시키는데 부족함이 참 많았습니다.

　제33대 한국세무사회는 도서출판까지 혁신하여 사업현장의 회원들의 직무 요령, 리스크 관리 및 컨설팅기법 등을 망라해 회원들이 책상머리에 두고 무시로 회원을 돕는 '실사구시 지침서'를 어떻게 마련할지 고민해왔습니다.

　그 결과 세목별 기본서, 신고실무도 회원친화적으로 형식과 콘텐츠도 바꾸고 회원님이 전문적인 핵심직무를 수행할 때 유용한 길잡이가 될 '테마별 실무서 시리즈'를 새롭게 내게 되었습니다.

　'한국세무사회 테마별 실무서'는 사업현장에서 부딪히는 핵심주제 50개를 추출하고 각 테마마다 최고의 전문가가 참여하여 관계법령, 예규 및 판례의 나열 아닌 직무요령과 리스크 관리, 컨설팅 기법 등 권위있는 전문 집필자의 노하우까지 담아냈습니다.

　조세출판사에 큰 획을 그을 책이 될 '한국세무사회 테마별 실무서 시리즈'가 앞으로 개정과 증보를 거듭하면서 사업현장의 회원님을 최고의 조세전문가로 완성시키는 기념비적인 책이 되리라 믿어 의심치 않습니다.

　어려운 여건에도 남다른 열정과 전문성으로 '한국세무사회 테마별 실무서'가 탄생하는데 함께해주시는 집필진 세무사님과 한국세무사회 도서출판위원회 위원님께 고마움을 전합니다.

2025년 5월

한국세무사회 회 장　구 재 이

CONTENTS

가업승계 세무

>>>> **제1절 · 가업상속공제** ································· 11
  Ⅰ. 의의 및 개정 연혁 해설 ································· 11
    1. 의의 ··· 11
    2. 개정연혁 및 해설 ······································· 11
  Ⅱ. 가업상속공제 요건 ·· 13
    1. 가업상속공제액 및 한도액 ······················ 13
    2. 공제대상 가업상속 재산에 상당하는 가액의 범위 ················ 14
    3. 피상속인이 2 이상의 독립된 기업을 가업으로 영위한 경우 가업상속공제 한도 및 공제순서 ················ 22
    4. 가업승계에 대한 증여세 과세특례가 적용된 주식 등에 대한 가업상속공제 적용 ················ 23
    5. 중견기업 가업상속인이 상속세 납부능력이 있는 경우 가업상속공제 적용배제 ················ 24
    6. 조세포탈 또는 회계부정 행위로 징역형 또는 벌금형을 선고받은 경우 가업상속공제 배제 ················ 26
    7. 가업상속공제와 영농상속공제 중복적용 배제 ················ 29
  Ⅲ. 개인기업의 구체적인 가업상속공제 요건 ················ 29
    1. 가업의 범위 ················ 29
    2. 피상속인 요건 ················ 30
    3. 상속인 요건 ················ 31
    4. 10년 이상 동일업종(대분류내 업종변경 영위기간 포함) 유지 요건 등 ·· 33
  Ⅳ. 법인기업의 구체적인 가업상속공제 요건 ················ 34
    1. 가업의 범위 ················ 34

CONTENTS

    2. 피상속인의 요건 ·· 36
    3. 상속인 요건 ·· 40
    4. 10년 이상 동일업종(대분류내 업종변경 영위기간 포함) 유지 요건 등 ·· 42
    5. 기타 고려사항 ·· 42
Ⅴ. 가업상속공제 적용대상 중소기업 및 중견기업의 범위 ······················ 44
    1. 중소기업의 정의 ·· 44
    2. 중견기업의 범위 ·· 51
Ⅵ. 가업상속공제 신청 및 입증서류 제출 ··· 57
    1. 가업상속공제 신청서류 제출기한 ·· 57
    2. 제3자와의 분쟁시 가업상속공제 신청서류 제출기한 ················· 58
Ⅶ. 가업상속공제 후 5년간 사후관리 ·· 62
    1. 의의 ··· 62
    2. 2022.12.31.개정되어 2023.01.01.부터 적용되는 사후관리 규정 경과조치 ··· 62
    3. 구체적인 사후관리규정 및 사후관리요건 위반시 상속세 추징 ········ 65
    4. 기회발전특구로 이전등을 하는 경우 가업상속공제 사후관리기준
       요건완화 ·· 76
    5. 사후관리요건 위반에 정당한 사유가 있는 경우 상속세 추징 제외 78
    6. 사후관리위반으로 상속세 추징시 상속세 과세가액 산입금액 ········ 80
    7. 사후관리요건 위반시 추징 상속세의 자진신고 납부기한 ·············· 83
    8. 사후관리요건 위반으로 상속세 추징시 양도소득세 상당액을 상속세
       산출세액에서 공제 ·· 85
Ⅷ. 가업상속공제가 적용된 자산을 양도할 때 양도소득세 이월과세 적용 85
    1. 의의 ··· 85

CONTENTS

　　2. 가업상속공제가 적용된 자산의 양도시 취득가액 ·············· 86

>>>> 제2절 • 가업의 승계에 대한 증여세 과세특례 ·············· 93
　Ⅰ. 의의 ·············· 93
　Ⅱ. 증여세 과세특례 내용 ·············· 94
　　1. 가업의 승계에 대한 증여세 과세특례의 내용 ·············· 94
　　2. 증여세 과세방법 ·············· 95
　　3. 가업승계 후 동일 법인의 최대주주 등의 주식 등에 대한 과세특례
　　　추가 적용 배제 ·············· 97
　Ⅲ. 가업의 승계에 대한 증여세 과세특례의 요건 ·············· 101
　　1. 가업의 범위 ·············· 101
　　2. 가업재산의 범위 ·············· 103
　　3. 증여자·수증자의 요건 ·············· 107
　　4. 수증자의 가업 승계요건 ·············· 109
　　5. 과세특례는 증여세 과세가액 기준 300억원 ~ 600억원 한도로 함 ··· 110
　　6. 조세포탈 또는 회계부정 행위로 징역형 또는 벌금형을 선고받은
　　　경우 증여세 과세특례 배제 ·············· 110
　　7. 주식 등에 대한 증여세 과세특례 적용의 신청요건 ·············· 113
　　8. 법인전환 또는 중소기업간 통합에 따른 양도소득세 이월과세 적용 후
　　　5년 이내에 가업승계한 경우에도 양도소득세 및 취득세 추징 제외 ·· 113
　Ⅳ. 가업을 승계한 주식등에 대한 5년간 사후관리 ·············· 120
　　1. 증여세 과세특례 적용 후 사후관리규정 위반시 증여세 추징 ······· 120
　　2. 정당한 사유가 있는 경우 증여세 과세특례 적용 ·············· 122
　　3. 이자상당액 추징 ·············· 122
　　4. 사후관리 위반에 따른 증여세 신고 및 납부기한 ·············· 123
　Ⅴ. 증여세 과세특례가 적용된 주식 등에 대한 특칙 ·············· 126
　　1. 증여자가 사망하여 상속세로 정산할 때 특칙 ·············· 126

2. 증여세 과세특례가 적용된 주식 등과 일반증여재산 합산과세 배제 … 127
　　3. 창업자금에 대한 증여세 과세특례와 중복적용 배제 …………… 127
Ⅵ. 가업승계 주식에 대한 신고세액공제 배제 및 연부연납 가능 ………… 128
Ⅶ. 증여세 과세특례가 적용된 주식 등이 향후 "상장·합병차익에 대한
　　증여" 해당시 증여세 과세특례 추가적용 …………………………… 128
Ⅷ. 주식등의 증여후 상속이 개시된 경우 가업상속공제 적용 ………… 129
　　1. 가업승계한 주식에 대한 가업상속공제 적용 ……………………… 129
　　2. 2020.02.11. 전에 주식 전부를 증여받아 가업승계한 경우 가업상속
　　　 공제 적용여부 …………………………………………………… 130
　　3. 가업 승계한 주식 외의 나머지 주식을 상속받은 경우 가업상속공제 … 131
Ⅸ. 기타사항 ………………………………………………………………… 131
Ⅹ. 가업승계에 대한 가업상속공제·증여세 과세특례 적용시 절세효과 … 132
　　1. 사례 ……………………………………………………………… 132
　　2. 절세효과 ………………………………………………………… 132
　　3. 절세효과 극대화를 위한 증여시점 판단 ………………………… 133

〉〉〉〉 제3절 · 중소기업 가업상속에 대한 상속세의 납부유예 …………… 141
Ⅰ. 의의 ……………………………………………………………………… 141
Ⅱ. 상속세의 납부유예 …………………………………………………… 141
　　1. 상속세의 납부유예 요건 ………………………………………… 141
　　2. 납부유예 대상 상속세 …………………………………………… 142
Ⅲ. 피상속인 및 상속인 요건 ……………………………………………… 144
Ⅳ. 상속세 납부유예의 신청 및 허가 기한 ……………………………… 145
　　1. 납부유예의 신청기한 …………………………………………… 145
　　2. 상속세 납부유예의 허가기한 …………………………………… 146
　　3. 납부유예 허가통지 전 가산금의 면제 …………………………… 147
　　4. 납부유예 신청시 담보제공 ……………………………………… 148

CONTENTS

  Ⅴ. 상속세 납부유예 적용 후 사후관리위반시 상속세 추징 ·············· 148
   1. 사후관리 요건 위반시 유예된 상속세 및 이자상당액 추징 ·········· 148
   2. 사후관리요건 위반에 정당한 사유가 있는 경우 상속세 추징 제외 ·· 150
   3. 사후관리요건 위반시 납부유예 상속세의 자진신고 납부기한 ····· 152
   4. 담보 변경·보전명령 불응 및 납부기한전 징수사유 발생시 유예된
    상속세 및 이자상당액 추징 ·· 154
  Ⅵ. 상속세 납부유예 재허가 신청 가능 ··· 155

》》》제4절 • 중소기업 가업승계시 증여세의 납부유예 ················ 161
  Ⅰ. 의의 ·· 161
  Ⅱ. 가업승계에 대한 증여세의 납부유예 요건 ··· 161
   1. 증여세 납부유예 요건 ·· 161
   2. 납부유예 대상 증여세 ·· 163
  Ⅲ. 납부유예의 신청 및 허가 기한 ··· 165
   1. 납부유예의 신청기한 ·· 165
   2. 납부유예의 허가기한 ·· 168
   3. 납부유예 허가통지 전 가산금의 면제 ·· 169
  Ⅳ. 증여세 납부유예 적용 후 사후관리 위반시 증여세 추징 ···················· 169
   1. 납부유예 사후관리 요건 ·· 169
   2. 정당한 사유가 있는 경우 증여세 과세유예 계속 적용 ··············· 173
   3. 사후관리요건 위반시 납부유예 증여세의 자진신고 납부기한 ······· 173
   4. 담보 변경·보전명령 불응 및 납부기한전 징수사유 발생시 유예된
    증여세 및 이자상당액 추징 ·· 174
   5. 증여세 납부유예 허가를 받은 후 증여자 사망으로 상속세 정산할 때 특칙 ·· 176
  Ⅴ. 증여세 납부유예 재허가 신청 가능 ··· 177

CONTENTS

>>> 제5절 • 기타 가업승계 조세지원제도 ················· 179
  Ⅰ. 가업상속에 대한 연부연납 기간 특례 ················· 179
    1. 의 의 ·· 179
    2. 연부연납 신청요건 ·································· 180
    3. 연부연납의 신청방법 ······························· 181
    4. 가업상속공제 적용후 사후관리 위반 세액에 대한 연부연납신청 ··· 181
    5. 연부연납의 신청 및 허가 기한 ··················· 181
    6. 상속세·증여세의 연부연납기간 ·················· 182
    7. 가업상속에 따른 상속세 연부연납기간 특례 ···· 183
    8. 연부연납기간의 변경 ······························· 186
    9. 연부연납에 따른 납부세액의 배분 ················ 187
    10. 연부연납의 취소 ··································· 190
    11. 연부연납가산금 ···································· 192
  Ⅱ. 최대주주가 소유한 중소·중견기업 주식에 대한 할증평가 면제 ········ 199
    1. 의의 ·· 199
    2. 최대주주의 주식에 대한 할증평가 및 최대주주의 범위 ······· 199
    3. 할증평가를 하지 아니하는 경우 ·················· 200
    4. 중소기업·중견기업 주식에 대한 할증평가의 면제 ············ 202

사 례

〈사례1〉 경영기간이 다른 2이상 독립된 기업 가업상속시 공제한도액 계산 ········ 23
〈사례2〉 중견기업 가업상속공제 배제기준 ················· 26
〈사례3〉 가업상속 공제액 계산 사례 ························· 56
〈사례4〉 자산처분비율 및 상속세 과세가액 산입금액 계산 ········· 67
〈사례5〉 정규직 근로자수 계산방법 ························· 73

CONTENTS

〈사례6〉 가업상속공제 적용후 가업자산 양도시 취득가액 계산 ·················· 87
〈사례7〉 법인기업 가업상속공제 검토서 작성 형식 ································ 90
〈사례8〉 증여세 과세특례와 가업상속공제를 모두 적용시 가업상속공제액 계산 ··· 91
〈사례9〉 수증자가 2인 이상인 경우 증여세특례 적용방법 ························ 99
〈사례10〉 2024년 전과 후 각각 증여받은 경우로서 특례세율 적용방법 ············ 100
〈사례11〉 가업승계 과세특례 적용후 상장차익 있는 경우 증여세 계산방법 ········ 116
〈사례12〉 父·母로부터 순차 증여시 증여세 과세특례 적용방법 ···················· 134
〈사례13〉 가업승계주식에 대한 증여계약서 및 증여세 특례신고서 작성요령 ······ 135

가업상속공제

I 의의 및 개정 연혁 해설

1. 의의

가업상속공제제도는 상속인이 과도한 상속세 부담으로 인하여 피상속인이 생전에 영위하던 가업의 상속을 포기하는 것을 방지함으로써 경제의 근간이 되는 중소기업 등 기업의 원활한 승계를 지원하고 이를 통하여 경제발전과 고용유지의 효과를 도모하기 위하여 도입된 제도이다(대법 2018두39713, 2018.07.13.).

2. 개정연혁 및 해설

기술·경영노하우의 효율적인 활용 및 전수를 위해서는 중소기업의 가업승계에 대한 지원을 확대할 필요성이 있어 2007.12. 세법개정시 피상속인이 15년 이상 경영하던 중소기업을 상속하는 경우 종전에 상속세과세가액에서 1억원까지 공제할 수 있도록 하던 것을 30억원까지 공제할 수 있도록 그 공제한도를 대폭 확대하는 등 매년 세법개정을 통하여 그 공제금액을 상향시켰고 가업상속공제 요건도 완화하여 왔다.

2014.01.01. 세법 개정에서는 가업상속공제 대상 기업의 범위를 매출액 3천억원 미만의 중견기업으로 확대함과 동시에 피상속인의 가업영위기간 중 대표이사 재직기간을 완화하였고, 가업상속재산가액도 전액(피상속인의 가업영위기간별로 500억원 한도로 차등 설정)을 공제하되, 피상속인 보유단계에서 발생된 자본이득에 대하여

양도소득세로 이월과세하도록 하였다.

2018.01.01. 이후 상속분부터 전문성을 가진 장수기업의 기술과 경영 비법의 승계를 지원하는 가업상속제도의 취지와 과세의 형평 등을 고려하여 종전에는 가업상속 시 상속세 과세가액에서 공제하는 한도를 300억원으로 적용받기 위해서는 15년 이상, 500억원으로 적용받기 위해서는 20년 이상 피상속인이 가업을 계속 경영해야 하였으나, 앞으로는 그 기간을 각각 20년 이상 및 30년 이상으로 조정하였다. 또한 중견기업에 해당하는 가업에 대해서는 2019.01.01. 이후 상속분부터 상속세 납부 능력의 검증을 위하여 가업상속인의 가업상속재산 외의 상속재산이 해당 가업상속인이 납부하는 상속세액의 2배를 초과하는 경우에는 가업상속공제를 적용하지 않도록 하였다.

2019.12.31. 세법 개정시 기업이 경제환경변화에 탄력적으로 대응할 수 있도록 사후관리기간을 7년으로 단축하고 업종유지·자산유지·고용유지 요건을 완화하는 등 사후관리부담을 완화하여 가업상속공제 활용도를 제고하였다. 다만, 탈세·회계부정 행위를 하는 경우에는 가업상속공제를 배제하도록 하여 가업상속공제 관련 기업인의 성실경영책임을 강화하였다.

2020.12.21. 가업상속공제 대상이 되는 중견기업의 기준을 현행 연매출 3천억원 미만에서 4천억원 미만으로 확대하였다.

2022.12.31. 세법개정시 중소·중견기업의 원활한 가업상속을 지원하고 가업상속공제 제도의 활용성을 제고하고자 가업상속공제 적용대상을 중견기업의 기준을 '4천억원 미만'에서 '5천억원 미만'으로 확대하고, 가업상속공제 금액의 최대 한도를 '500억원'에서 '600억원'으로 상향 조정하였다. 또한 가업상속공제를 받은 상속인이 일정 기간 가업에 종사하여야 하는 등의 의무를 부담하는 사후관리 기간을 7년에서 5년으로 단축하고, 사후관리 기간 동안 적용되는 가업용 자산의 처분 제한 기준, 정규직 근로자의 수와 총급여액의 유지 기준 등을 완화하였다. 무엇보다도 개정된 사후관리규정은 2022.12.31.이전에 상속이 개시된 경우로서 2023.01.01.현재 사후관리 기간중인 기업도 적용받을 수 있도록 개정하여 가업상속공제 제도의 활용성을 높였다.

2025.02.28.시행령 개정시 임직원에게 대여한 주택 또는 전세자금 등도 사업용 자산에 해당하는 것으로 개정하였다.

Ⅱ 가업상속공제 요건

1. 가업상속공제액 및 한도액

거주자의 사망으로 상속이 개시되는 경우로서 가업[대통령령으로 정하는 중소기업 또는 대통령령으로 정하는 중견기업(상속이 개시되는 소득세 과세기간 또는 법인세 사업연도의 직전 3개 소득세 과세기간 또는 법인세 사업연도의 매출액의 평균금액이 5천억원 [1] 이상인 기업은 제외한다)으로서 피상속인이 10년 이상 계속하여 경영한 기업을 말한다]의 상속(가업상속)에 해당하는 경우에는 다음 ①, ② 중 적은 금액을 상속세과세가액에서 공제한다(상증법 §18의2 ①).

① 가업상속재산에 상당하는 금액
② 가업상속공제 한도액
    ⓐ 피상속인이 10년 이상 20년 미만 계속하여 경영한 경우: 300억원
    ⓑ 피상속인이 20년 이상 30년 미만 계속하여 경영한 경우: 400억원
    ⓒ 피상속인이 30년 이상 계속하여 경영한 경우: 600억원

▎가업상속공제액 및 한도액 개정연혁 ▎

적용기간	가업상속공제액
2023년 이후 상속분	다음 ①, ② 중 적은 금액 ① 가업상속 재산가액에 상당하는 금액 ② 300억원(20년 이상 가업경영시 400억원, 30년 이상 가업경영시 600억원)
2018년~ 2022년	다음 ①, ② 중 적은 금액 ① 가업상속 재산가액에 상당하는 금액 ② 200억원(20년 이상 가업경영시 300억원, 30년 이상 가업경영시 500억원)
2014년 이후	다음 ①, ② 중 적은 금액 ① 가업상속 재산가액에 상당하는 금액 ② 200억원(15년 이상 가업경영시 300억원, 20년 이상 가업경영시 500억원)

---

1) 2011~2012년 상속분은 직전사업연도의 매출액이 1천500억원, 2013년 상속분은 2천억원, 2014년~2016년 3천억원, 2017년~2020년 직전 3년간 평균매출액 3천억원, 2022년 직전 3년간 평균매출액 4천억, 2023년 이후 직전3년간 평균매출액이 5천억원 이상인 기업은 제외한다.

적용기간	가업상속공제액
2012~ 2013년	다음 ①, ② 중 큰 금액 ① min[가업상속재산가액의 70%, 100억원(15년 이상:150억원, 20년 이상:300억원)] ② min(2억원, 가업상속재산가액)

2. 공제대상 가업상속 재산에 상당하는 가액의 범위

가업상속공제 대상이 되는 가업상속 재산에 상당하는 가액이라 함은 다음 (1), (2)의 상속재산을 말한다. 다만, 2014.02.21. ~ 2016.02.04. 상속분은 유류분 상속재산은 제외한다(상증령 §15 ⑤).

(1) 개인기업의 경우

(가) 공제대상 가업상속 재산에 상당하는 가액

상속재산 중 기업에 직접 사용되는 토지, 건축물, 기계장치 등 사업용 자산의 가액에서 해당 자산에 담보된 채무액을 뺀 가액을 말한다. 이 경우 토지에는 소득세법 제104조의3에 따른 비사업용 토지는 2025.02.28.이후 상속개시분부터 제외한다.

또한 상기에서 '사업용 자산'은 기업에 직접 사용되는 사업용 비유동자산으로 유형자산 및 무형자산을 의미한다(서면-2020-상속증여-3741, 2021.03.31) 종전에 상속재산가액이란 유권해석을 통하여 사업에 해당하는 사업용 순자산의 가액으로 해석하여 적용하다가 시행령 개정을 통하여 명확히 하였으며, 2017.02.07. 이후 상속이 개시되는 분부터 적용한다.

> 개인기업 상속시 가업상속재산가액 = 사업용 자산가액 - 사업용 부채가액*
> * 사업용 자산에 담보된 부채 등

(나) 비사업용토지에 대한 가업상속공제 배제

2025.2.28.이후 상속개시분부터 사업용자산중 소득세법 제104조의3에 따른 비사업용 토지는 가업상속공제가 적용되지 않는다. 개인기업이 가업에 사용하는 건축

물 용도가 근린생활시설 또는 공장 등 건물인 경우로서 그 건물의 부수토지가 지방세법 제106조 제1항 제2호에 따른 재산세 별도합산과세대상 토지로서 소득세법 시행령 제168조의6에 따른 기간기준을 충족하면 사업용 토지에 해당하므로 가업상속공제가 가능하다. 그러나 재산세 별도합산과세대상이 아닌 토지는 비사업용토지에 해당하므로 가업상속공제가 적용되지 않는다.

여기서 "소득세법 시행령 제168조의6에 따른 기간기준"을 충족한 경우란 토지의 소유기간이 5년 이상인 경우에는 ① 상속개시일 직전 5년 중 3년 이상 기간, ② 상속개시일 직전 3년 중 2년 이상 기간, ③ 토지의 소유기간의 100분의 60 이상 기간을 사업용(재산세 별도합산대상 토지)으로 사용하여야 한다.

건축물 용도가 근린생활시설 또는 공장건물인 경우로서 그 건물의 부수토지가 지방세법 제106조 제1항 제2호에 따른 재산세 별도합산과세대상은 특별시·광역시(군 지역은 제외)·특별자치시·특별자치도 및 시지역의 공장용 건축물의 부속토지로서 공장용 건축물의 바닥면적(건축물 외의 시설의 경우에는 그 수평투영면적을 말한다)에 다음의 용도지역별 적용배율을 곱하여 산정한 범위의 토지를 말한다.

용도지역별		적용배율
도시지역	1. 전용주거지역	5배
	2. 준주거지역·상업지역	3배
	3. 일반주거지역·상업지역	4배
	4. 녹지지역	7배
	5. 미계획지역	4배
도시지역 외의 용도지역		7배

〈사례 1〉 개인기업 가업상속공제액 계산 사례

재무상태표상 가액		상속세및증여세법상 평가액		가업상속공제 대상 금액	
계정과목	금액	계정과목	금액	계정과목	금액
현금	1,673,680	현금	1,673,680		
보통예금	192,656,933	보통예금	192,656,933		
장기예적금	50,000,000	장기예적금	50,000,000		
외상매출금	2,168,736,182	외상매출금	2,168,736,182		
받을어음	10,000,000	받을어음	10,000,000		
선급비용	2,492,797	선급비용	2,492,797		
선납세금	12,461,000	선납세금	12,461,000		
제품	655,109,265	제품	655,109,265		
원재료	373,116,830	원재료	373,116,830		
토지	499,910,000	토지	624,498,250	토지	624,498,250
건물	460,655,760	건물	542,826,840	건물	542,826,840
기계장치	1,183,031,029	기계장치	1,183,031,029	기계장치	1,183,031,029
차량운반구	76,515,621	차량운반구	76,515,621	차량운반구	76,515,621
공구와기구	2,093,200	공구와기구	2,093,200	공구와기구	2,093,200
비품	36,000	비품	36,000	비품	36,000
시설장치	7,444,882	시설장치	7,444,882	시설장치	7,444,882
기숙사	146,595,000	기숙사	146,595,000	기숙사	146,595,000
임차보증금	111,800,000	임차보증금	111,800,000	임차보증금	111,800,000
전신전화가입권	750,000	전신전화가입권	750,000	전신전화가입권	750,000
영업권	0	영업권	0	영업권	0
자산총계	5,955,078,179	자산총계	6,161,837,509	자산총계	2,429,000,940
외상매입금	1,306,331,243	외상매입금	1,306,331,243		
미지급금	22,497,039	미지급금	22,497,039		
예수금	9,214,450	예수금	9,214,450		
부가세예수금	65,454,239	부가세예수금	65,454,239		
단기차입금	256,000,000	단기차입금	256,000,000	단기차입금	256,000,000
미지급비용	66,182,391	미지급비용	66,182,391		
장기차입금	850,000,000	장기차입금	850,000,000	장기차입금	850,000,000
임대보증금	30,000,000	임대보증금	30,000,000		
부채총계	2,605,679,362	부채총계	2,605,679,362	부채총계	1,106,000,000
순자산가액	3,349,398,817	순자산가액	3,556,158,147	가업상속공제 대상 금액	1,323,000,940

(2) 법인기업의 경우

(가) 가업상속공제 대상 주식등 가액

법인세법을 적용받는 가업(법인기업)의 경우에는 상속재산 중 가업에 해당하는 법인의 주식 등을 말한다. 이 경우 주식 등은 해당 주식 등의 가액에 그 법인의 총자산가액 중 상속개시일 현재 사업무관자산을 제외한 자산가액(사업용자산가액)이 차지하는 비율을 곱하여 계산한 금액에 해당하는 것을 말한다(상증령 §15 ⑤).

> 주식 등 가액 × (1 - 법인의 총자산가액중 사업무관자산이 차지하는 비율)

다만, 2012년 2월 2일 전 상속분에 대하여는 가업에 해당하는 법인의 주식 또는 출자지분가액 전부가 된다.

(나) 사업무관자산의 범위

사업무관자산이란 다음의 어느 하나에 해당하는 자산을 말하며, 법인의 총자산가액 및 사업무관자산은 상속개시일 현재 상속세및증여세법 제60조부터 제66조에 따라 평가한 가액을 말한다(상증령 §15 ⑥ 2).

1) 법인세법상 토지등 양도소득에 대한 과세특례가 적용되는 자산

법인세법 제55조의2(토지등 양도소득에 대한 과세특례)에 해당하는 자산은 사업무관자산에 해당한다.

2) 업무관련 없는 자산 및 임대부동산

법인세법 시행령 제49조(업무와 관련이 없는 자산의 범위 등)에 해당하는 자산 및 타인에게 임대하고 있는 부동산(지상권 및 부동산임차권 등 부동산에 관한 권리를 포함한다)은 사업무관자산에 해당한다.

그러나 2025.02.28. 이후 상속개시분부터 해당 법인이 소유한 주택(주택법 제2조 제6호에 따른 국민주택규모 이하인 주택 또는 상속개시일 현재 소득세법 제99조 제1항에 따른 기준시가가 6억원 이하인 주택으로 한정한다)으로서 해당 법인의 임원 및 직원에게 5년 이상 계속하여 무상으로 임대하고 있는 주택은 사업무관자산에 해당되지 않는다. 이 경우 "임원 및 직원"에는 다음의 어느 하나에 해당하는 자는 제외한다.

① 해당 법인의 발행주식총수 또는 출자총액의 100분의 1 이상의 주식 등을 소유한 주주 등

② 해당 법인의 상속세및증여세법 제63조 제3항 전단에 따른 최대주주 또는 최대출자자와 같은법 시행령 제2조의2 제1항 제1호의 관계에 있는 자

3) 대여금

법인세법 시행령 제61조 제1항 제2호에 해당하는 자산. 즉, 대여금(금전소비대차계약 등에 의하여 타인에게 대여한 금액)은 사업무관자산에 해당한다.

다만, 2025.02.28. 이후 상속개시분부터 임원 및 직원[상기 2)의 "임원 및 직원"의 범위와 동일하다]에게 대여한 다음의 어느 하나에 해당하는 자산은 제외한다.

① 임직원 본인 또는 자녀의 학자금
② 주택(대여일 당시 소득세법 제99조 제1항에 따른 기준시가가 6억원 이하인 주택으로 한정한다)에 대한 전세금(주택의 등기를 하지 않은 전세계약에 따른 임대차보증금을 포함한다)

4) 과다보유현금

과다보유현금은 사업무관자산에 해당한다. 이 경우 과다보유현금이란 상속개시일 직전 5개 사업연도 말 평균 현금(요구불예금 및 취득일부터 만기가 3개월 이내인 금융상품을 포함한다)보유액의 200%(2025.02.28.전에 상속이 개시된 경우에는 150%)를 초과하는 것을 말한다.

5) 영업활동과 관련없이 보유한 주식, 채권, 금융상품

법인의 영업활동과 직접 관련이 없이 보유하고 있는 주식, 채권 및 금융상품[다만 상기 4)의 현금에 해당하는 것은 제외한다]은 사업무관자산에 해당한다.

┃ 가업상속재산가액 개정연혁 ┃

적용기간	가업상속재산가액	
	개인기업	법인기업
2017.02.07. 이후	가업에 직접 사용되는 토지, 건축물, 기계장치 등 사업용 자산에서 담보된 채무를 뺀 순상속재산가액	주식·출자지분 × (1 - 법인의 총자산가액중 사업무관자산 비율)
2012.02.02. ~ 2017.02.06.	가업에 직접 사용되는 토지, 건축물, 기계장치 등 사업용 자산	주식·출자지분 × (1 - 법인의 총자산가액중 사업무관자산 비율)
2012.02.01. 이전	상동	주식·출자지분

☞ **자회사 주식이 사업무관자산에 해당하는지 여부**

기획재정부는 「상속세 및 증여세법」 제18조의2 및 같은 법 시행령 15조 제5항 제2호 마목을 적용할 때, "법인의 영업활동과 직접 관련이 없이 보유하고 있는 주식등"에 해당하는지 여부는 해당 주식이 그 법인의 영업활동과 직접 관련이 있는지 여부를 고려하여 판단하는 것이다」 해석(기획재정부 재산세제과-191, 2025.03.12.)하고 있다.

법원도 "가업상속공제 적용대상 주식 판단시 영업활동과 직접 관련이 없이 보유하고 있는 주식은 그 문언 그대로 영업활동과 직접 관련이 있는지 여부만으로 판단하여야 하며, 이 사건 쟁점지분은 지분법적용투자주식으로 분류된 지분증권으로 오히려 투자기업의 영업활동과 직접 관련이 있을 가능성이 높은 것으로 볼 수 있으므로 영업활동과 직접 관련이 없이 보유하고 있는 주식에 해당하지 아니한다"라고 판시(대법 2018두39713, 2018.07.13.: 서울고법 2017누71125, 2018. 03.13. :서울행법 2016구합80595, 2017.08.25.)하고 있다. 따라서 자회사 주식이 가업상속공제 대상 법인의 영업활동과 직접 관련이 있다는 것을 입증하면 가업상속공제 대상이 된다는 것이 판례의 입장이다.

또한 법원은 "법인의 영업활동과 직접 관련하여 보유하고 있는 주식은 법인의 제품의 생산활동, 상품·용역의 구매 및 판매활동 등과 직접 관련하여 보유하는 주식을 의미하고, 투자활동이나 재무활동과 관련하여 보유하는 주식, 법인이 단순히 관계회사에 대한 지배권, 경영권을 보유할 목적으로 보유하고 있는 주식은 제외된다고 판시(대법 2021두52389, 2021.12.30.)한바 있다.

조세심판원도 청구외법인의 해외 현지법인은 청구외법인이 100% 출자하여 설립된 자회사로서 실질적으로 청구외법인의 해외 생산공장으로 운영되고 있는 점 등에 비추어 처분청에서 쟁점①주식을 청구외법인의 영업활동과 직접 관련이 없는 것으로 본 처분에는 잘못이 있다고 판단된다고 결정(조심 2018서4162, 2020.06.19.)한 바 있으며, 이외에도 쟁점법인은 미국 주요 완성차업체와 거래하고 있는 AAA를 인수함으로써 북미 시장에 대한 접근성을 강화하고 글로벌 시장에 참여할 수 있는 계기가 될 수 있어 보이고, 서로의 지식과 기술, 영업전략 등을 향상시키기 위하여 쟁점법인과 AAA가 공동으로 참여하는 영업전략 회의나 워크샵 등을 지속적으로 실시한 사실이 나타나는 점 등에 비추어 쟁점지분은 쟁점법인의 영업활동과 직접 관련이 있어 보이므로 이를 가업상속공제 대상에서 제외하여 과세한 처분은 잘못이 있다고 결정(조심 2020전1852, 2021.12.14.)한 바 있다.

〈사례 2〉 법인기업 가업상속공제액 계산사례

상장여부	법인명	주식수	1주당 평가액	주식평가액	사업용 자산비율	가업상속공제 금액	비고
비상장주식	㈜갑법인	75,943	281,217	21,356,462,631	92.35%	19,722,693,240	상속
비상장주식	㈜갑법인	24,370	123,098	2,999,898,260	92.35%	2,770,406,043	증여세 특례
비상장주식	㈜을법인	18,598	568,208	10,567,532,384	95.14%	10,053,527,609	상속
합계액		118,911	972,523	34,923,893,275		32,546,626,892	

〈사례 3〉 법인기업 사업용자산비율 계산 사례

재무상태표상 자산총계		상속세 및 증여세법상 평가액		사업무관자산가액		사업용 자산비율
계정과목	금액	계정과목	금액	계정과목	금액	
현금및현금성자산	4,124,707,565	현금및현금성자산	4,124,707,565			
단기금융상품	14,850,121,455	단기금융상품	14,850,121,455			
매도가능증권	4,336,452,354	매도가능증권	4,336,452,354			
매출채권	9,977,303,857	매출채권	10,324,524,652			
미수금	501,415,139	미수금	501,415,139			
미수수익	147,222,625	미수수익	147,222,625			
선급금	542,594,756	선급금	542,594,756			
선급비용	73,767,666	선급비용	73,767,666			
미수법인세환급액	64,707,650	미수법인세환급액	64,707,650			
제품	2,769,923,234	제품	2,769,923,234			
상품	83,624,600	상품	83,624,600			
재공품	381,577,274	재공품	381,577,274			
원재료	1,881,214,747	원재료	1,881,214,747			
미착품	31,602,245	미착품	31,602,245			
매도가능증권	7,773,918,727	매도가능증권	12,288,184,853	매도가능증권	3,952,438,657	
퇴직연금운용자산	61,087,338	퇴직연금운용자산	61,087,338			
토지	3,058,648,706	토지	10,405,046,589	토지	15,090,433	
건물	1,342,652,578	건물	3,093,904,528	건물	41,909,567	
구축물	10,000	구축물	10,000			

제1절 가업상속공제

재무상태표상 자산총계		상속세 및 증여세법상 평가액		사업무관자산가액		사업용 자산비율
계정과목	금액	계정과목	금액	계정과목	금액	
기계장치	1,056,840,315	기계장치	1,056,840,315			
차량운반구	83,003,959	차량운반구	83,003,959			
공구기기와비품	154,012,080	공구기기와비품	168,711,120			
산업재산권	145,843,010	산업재산권	146,093,010			
보증금	41,986,000	보증금	41,986,000			
자산총계	53,484,237,880		67,458,323,674		4,009,438,657	94.05%

예규·판례

01 피상속인이 거주자인 경우, 상속세 및 증여세법상 가업상속공제 요건을 갖춘 비거주자인 상속인은 가업상속공제를 적용받을 수 있음(법규국조 2019-4229, 2022.04.14.).

02 가업상속공제 적용 시 상속받은 가업법인 주식 중 일부만 가업상속공제 받는 것으로 선택 가능하며, 상속공제 받지 않은 주식 일부를 사후관리기간 내 처분 시 사후관리 위반에 해당하지 않음(법규재산 2019-2982, 2022.12.22.).

03 가업에 직접 사용되는 사업용 자산의 임차보증금은 가업상속공제 대상 상속재산에 해당함(기획재정부 재산세제과-1324, 2022.10.21.).

04 쟁점보험은 취득일로부터 만기가 ○○○~○○○년에 해당되어「상속세 및 증여세법 시행령」제15조 제5항 제2호 라목의 적용대상이 아닌 점, 가업법인이 보험가입일부터 상속개시일까지 쟁점보험을 영업에 사용한 사실 등이 확인되지 않는 점 등에 비추어 이건 처분은 잘못이 없는 것으로 판단됨(조심 2021중2868, 2021.07.28.).

05 비록 가업상속 대상 주식회사가 무상(관리비 보전 수준의 보증금 포함) 임대차계약을 통해 직원에게 쟁점사택을 제공하고 있지만 이는 사택 운영방법상의 임대차계약일 뿐이므로 이를 적극적 임대로 보기 어려운 점 등에 비추어, 쟁점사택을 법인의 업무에 직접 사용하지 아니하거나 타인에게 임대하고 있는 사업무관자산으로 보기는 어렵다 할것임(조심2021서6935, 2022.08.02.).

06 기업회계기준에서 투자자산은 기업이 장기적인 투자수익이나 타기업 지배목적 등의 부수적인 기업활동의 결과로 보유하는 자산으로 유형자산이나 무형자산과 성격이 다르기 때문에 구분·표시하는 것이 바람직하여 별도 분류하고 있는 점 등에 비추어 쟁점주식 등이 사업무관자산에 해당한다고 보아 가업의 승계에 대한 증여세 과세특례 적용을 배

> 제하여 증여세를 과세한 이 건 처분은 잘못이 없음(조심 2017서0167, 2017.05.16.).
>
> **07** 청구인은 건설공제조합으로부터 차입할 당시에 건설자재의 비축자금, 건설용기계장비의 구입 및 보수 자금, 노임자금 등의 목적으로 차입하였으나 위 매도가능증권은 그러한 용도로 사용되지 않은 것으로 보이는 점 등에 비추어 처분청이 영업활동과 관련이 없는 사업무관자산으로 보아 청구인에게 상속세를 과세한 처분은 잘못이 없는 것으로 판단됨(조심2017광0248, 2017.08.24.).
>
> **08** 쟁점부동산은 상속개시일 이전부터 매각이 예정되어 있었고 쟁점법인은 쟁점부동산 매각대금을 채무상환, 직원급여 등 운영자금에 사용한 점 등에 비추어 가업상속공제대상에도 해당함(조심2022서6400, 2023.06.26.).
>
> **09** AA개발이 영업상에 필요한 노임지급 등의 용도를 위하여 쟁점보험에서 중도인출 또는 약관대출을 하거나 받은 것으로 확인되는바, 쟁점보험이 AA개발의 영업활동과 직접 관련이 없다고 보기에는 무리가 있으므로 쟁점보험을 청구법인의 사업무관 자산가액에서 제외하는 것이 타당함(조심 2019광3069, 2020.01.30.).

3. 피상속인이 2 이상의 독립된 기업을 가업으로 영위한 경우 가업상속공제 한도 및 공제순서

가업상속의 공제한도를 적용할 때 피상속인이 둘 이상의 독립된 가업을 영위한 경우에는 해당 기업 중 계속하여 경영한 기간이 긴 기업의 계속 경영기간에 대한 공제한도를 적용하며, 상속세 과세가액에서 피상속인이 계속하여 경영한 기간이 긴 기업의 가업상속 재산가액부터 순차적으로 공제한다(상증령 15 ④, 상증칙 §5).

다만, 2016.02.04.이전 상속의 경우에는 가업상속공제 대상이 2개 이상의 가업을 상속인 1인이 전부 상속받은 경우의 가업상속공제 대상기업은 납세자가 선택하는 것이며, 가업상속공제는 경영기간이 가장 긴 기업을 한도로 경영기간이 가장 긴 기업부터 순차적으로 적용하되 원래의 경영기간별 공제한도 내에서 공제한다(재재산-255, 2014.03.11.).

제1절 가업상속공제

> **사례 1** 경영기간이 다른 2이상 독립된 기업 가업상속시 공제한도액 계산
>
> **기본사항** 1. 사실관계
> - 피상속인 甲은 다음과 같이 가업상속재산을 남김.
>   · 30년 이상 영위한 A기업 : 250억원
>   · 10년 이상 영위한 B기업 : 350억원
>
> **질 의** 가업상속공제 금액은?
>
> **해 설** ① 한도액 : 600억원
> ② 가업상속공제액 : 550억원
>   ⓐ A기업 250억원
>   ⓑ B기업 300억원= min(300억원, 350억원)
>   ∴ ⓐ + ⓑ = 550억원

4. 가업승계에 대한 증여세 과세특례가 적용된 주식 등에 대한 가업상속공제 적용

(1) 가업상속공제 요건

증여세 특례대상인 주식 등을 증여받은 후 증여자가 사망하여 상속이 개시되는 경우에 상속개시일로부터 10년 이내인지 여부 불문하고 상속재산가액에 가산하며, 상속개시일 현재 다음의 요건을 모두 갖춘 경우에는 그 주식 등에 대하여 상속세및 증여세법 제18조의2 제1항에 따른 가업상속으로 보아 가업상속공제를 적용한다 (조특령 §27의6 ⑨).

① 상속세 및 증여세법 제18조의2 제1항 각 호 외의 부분 전단에 따른 가업상속에 해당할 것(해당 요건 중 매출액 평균금액은 법 제30조의6 제1항에 따라 주식 등을 증여받은 날이 속하는 사업연도의 직전 3개 사업연도의 매출액 평균금액을 기준으로 판단하며, 법 제30조의6에 따라 피상속인이 보유한 가업의 주식 등의 전부를 증여하여 상속세 및 증여세법 시행령 제15조 제3항 제1호 가목의 요건을 충족하지 못하는 경우에는 상속인이 증여받은 주식 등을 상속개시일 현재까지 피상속인이 보유한 것으로 보아 같은 목의 요건을 적용한다). 다만, 상속세 및 증여세법 시행령 제15조 제3항 제1호 나목(대표이사 재직요

건)은 적용하지 아니한다.

이경우 2020.02.11 이후 상속분부터 조세특례제한법 제30조의6에 따라 피상속인이 보유한 가업의 주식등을 전부를 증여하여 상속세 및 증여세법 시행령 제15조 제3항 제1호 가목의 요건을 충족하지 못하는 경우에는 상속개시일이 상속인의 주식 등을 피상속인이 보유한 것으로 보아 같은 영 제15조 제3항 제1호 가목의 요건을 적용한다. 즉, 피상속인이 가업의 승계 목적으로 본인이 소유주식을 생전에 모두 증여하여 상속개시일 현재 주식을 보유하고 있지 않아도 상속인이 보유한 주식을 피상속인이 보유한 것으로 보아 가업상속공제 요건을 적용한다는 의미이다.

② 수증자가 증여받은 주식 등을 처분하거나 지분율이 낮아지지 아니한 경우로서 가업에 종사하거나 대표이사로 재직하고 있어야 한다.

(2) 상속개시일 현재 사업용 자산비율 적용함

생전 가업승계목적으로 주식을 증여한 것에 대하여 조세특례제한법 제30조의6에 따른 가업승계에 대한 증여세 과세특례를 적용받은 증여자가 사망하여 상속세를 정산할 때 또다시 상속세및증여세법 제18조의2에 따른 가업상속공제를 적용하는 경우 사업용자산비율은 상속개시일 현재의 사업용자산비율을 적용한다고 해석(기획재정부 조세정책과-171, 2025.1.24.)하고 있다.

5. 중견기업 가업상속인이 상속세 납부능력이 있는 경우 가업상속공제 적용 배제

(1) 의의

가업상속공제는 중견기업에 해당하는 경우에도 원칙적인 범위 내의 금액은 공제를 할 수 있다. 그러나 중견기업에 해당하는 경우에는 가업상속인의 상속세 납부능력을 고려하여 2019년 가업상속분부터는 그 납부능력이 있다고 인정되는 경우에는 가업상속공제를 적용하지 아니한다(상증법 §18의2 ②, 상증령 §15 ⑥).

(2) 가업상속공제 배제 요건

이 가업이 중견기업에 해당하는 경우로서 다음 (가)의 "가업을 상속받거나 받을 가업상속인의 가업상속재산 외에 받거나 받을 상속재산가액"이 해당 상속인이 상속세로 납부할 금액에 다음의 (나)의 비율을 곱한 금액을 초과하는 경우에는 해당 상속인이 받거나 받을 가업상속재산에 대해서는 가업상속공제를 적용하지 아니한다 (상증법 §18의2 ②, 상증령 §15 ⑥).

(가) 가업을 상속받거나 받을 가업상속인의 가업상속재산 외에 받거나 받을 상속재산가액

가업상속인이 받거나 받을 상속재산(상속세및증여세법 제13조의 규정에 의하여 상속재산에 가산하는 증여재산 중 가업상속인이 받은 증여재산을 포함한다)의 가액에서 다음의 금액을 차감한 금액을 말한다.
① 해당 가업상속인이 부담하는 상속세및증여세법 시행령 제10조 제1항에 따라 증명되는 채무의 금액
② 해당 가업상속인이 받거나 받을 가업상속 재산가액

(나) 해당 상속인이 상속세로 납부할 금액에 200%를 곱한 금액

해당 가업상속인이 가업상속공제를 받지 않았을 경우에 상속세및증여세법 제3조의2(상속세 납세의무)제1항 및 제2항에 따라 계산한 해당 가업상속인이 납부할 의무가 있는 상속세액에 200%를 곱한 금액을 말한다(상증령 §15 ⑦).

```
* 중견기업 가업상속공제 배제기준 : ① > ②
 ① 가업상속인의 가업상속재산 외의 상속재산가액
    = 가업상속인의 [상속재산가액(사전증여재산가액 포함) - 채무금액 - 가업상속
     재산가액]
 ② 가업상속공제 미적용시 가업상속인이 납부할 상속세 × 200%
```

> **사례 2** 중견기업 가업상속공제 배제기준

[기본사항] 1. 사실관계
- 甲의 사망으로 다음과 같이 상속재산을 상속하였으며, 상속인으로 자녀 乙만 있음
  · A법인(중견기업) 주식 : 400억원 · 부동산 300억원 · 예금 200억원
  ☞ A법인은 상속인 상속세납부능력 외에 다른 가업상속공제 요건 모두 충족함
- 가업상속공제를 적용받을 경우 상속세는 230억원 정도이나 가업상속공제를 적용받지 못하는 경우에는 420억원 정도임

[질의] A법인의 주식에 대한 가업상속공제가 가능한지?

[해설] ① 가업상속인의 가업상속재산 외의 상속재산가액 : 900억원-400억원=500억원
② 가업상속공제 미적용시 가업상속인이 납부할 상속세 × 200% :
   420억원 × 2 = 840억원
∴ ① < ② 이므로 가업상속공제 가능함

6. 조세포탈 또는 회계부정 행위로 징역형 또는 벌금형을 선고받은 경우 가업상속공제 배제

(1) 가업상속공제 적용 배제 또는 상속세 추징대상

피상속인 또는 상속인이 가업의 경영과 관련하여 조세포탈 또는 회계부정 행위로 징역형 또는 "대통령령으로 정하는 벌금형"을 선고받고 그 형이 확정된 경우에는 다음의 구분에 따라 가업상속공제를 배제하거나 또는 이자상당액까지 포함하여 상속세가 추징된다(상증법 §18의2 ⑧).

① 상속세및증여세법 제76조에 따른 과세표준과 세율의 결정이 있기 전에 피상속인 또는 상속인에 대한 형이 확정된 경우에는 가업상속공제를 공제를 적용하지 아니한다.
② 상속세및증여세법 제18조의2 제1항의 가업상속공제를 받은 후에 상속인에 대한 형이 확정된 경우에는 같은 호에 따라 공제받은 금액을 상속개시 당시의 상

속세 과세가액에 산입하여 상속세를 부과한다. 이 경우 대통령령으로 정하는 바에 따라 계산한 이자상당액을 그 부과하는 상속세에 가산한다.

(2) 적용시기

가업상속공제 규정 적용시 피상속인 또는 상속인이 가업의 경영과 관련하여 조세포탈 또는 회계부정 행위로 징역형 또는 "대통령령으로 정하는 벌금형"을 선고받고 그 형이 확정된 경우에는 가업상속공제를 배제하도록 한 규정은 가업상속공제 관련 기업인의 성실경영책임을 강화하고자 도입되었으며, 2020.01.01. 이후 조세포탈 행위 또는 회계부정 행위를 하는 경우로서 2020.01.01. 이후 상속이 개시되어 공제받는 분부터 적용한다.

｜ 탈세·회계부정 행위에 따른 가업상속공제 효과 ｜

탈세·회계부정 행위 시기	형 확정시기	효과
공제 전 행위	가업상속공제 전	공제 배제
	가업상속공제 후	추징
사후관리기간 중 행위	사후관리 기간 중	추징
	사후관리 기간 이후	추징

☞ 범죄행위 시기 : 상속개시 10년 전부터 사후관리기간까지

(3) 조세포탈 또는 회계부정 행위의 범위

조세포탈 또는 회계부정 행위란 아래와 같이 조세범 처벌법 제3조 제1항 또는 주식회사 등의 외부감사에 관한 법률 제39조 제1항에 따른 죄를 범하는 것을 말하며, 상속개시일 전 10년 이내 또는 상속개시일부터 5년(2021~2022년은 7년) 이내의 기간 중의 행위로 한정한다(상증령 §15 ⑲).

(가) 조세포탈 행위의 범위

조세포탈 행위란 조세범 처벌법 제3조 제1항에 따른 죄를 범하는 것을 말한다. 즉, 사기나 그 밖의 부정한 행위로써 조세를 포탈하거나 조세의 환급·공제를 받은

자는 2년 이하의 징역 또는 포탈세액, 환급·공제받은 세액 즉, 포탈세액 등의 2배 이하에 상당하는 벌금에 처한다. 다만, 다음의 어느 하나에 해당하는 경우에는 3년 이하의 징역 또는 포탈세액 등의 3배 이하에 상당하는 벌금에 처한다.

① 포탈세액 등이 3억원 이상이고, 그 포탈세액 등이 신고·납부하여야 할 세액(납세의무자의 신고에 따라 정부가 부과·징수하는 조세의 경우에는 결정·고지하여야 할 세액을 말한다)의 100분의 30 이상인 경우
② 포탈세액 등이 5억원 이상인 경우

(나) 회계부정 행위의 범위

회계부정 행위란 주식회사 등의 외부감사에 관한 법률 제39조 제1항에 따른 죄를 범하여 받은 벌금형(재무제표상 변경된 금액이 자산총액의 100분의5 이상인 경우로 한정한다)을 받은 경우를 말한다. 주식회사 등의 외부감사에 관한 법률 제39조 제1항에 따른 죄란 상법 제401조의2 제1항 및 제635조 제1항에 규정된 자나 그 밖에 회사의 회계업무를 담당하는 자가 제5조에 따른 회계처리기준을 위반하여 거짓으로 재무제표를 작성·공시하거나 감사인 또는 그에 소속된 공인회계사가 감사보고서에 기재하여야 할 사항을 기재하지 아니하거나 거짓으로 기재한 경우에는 10년 이하의 징역 또는 그 위반행위로 얻은 이익 또는 회피한 손실액의 2배 이상 5배 이하의 벌금에 처해진 것을 말한다.

(4) 이자상당액의 계산

상속세및증여세법 제18조의2 제1항의 가업상속 공제를 받은 후에 상속인에 대한 조세포탈 또는 회계부정 행위에 대한 형이 확정되어 가업상속공제 받은 금액을 상속개시 당시의 상속세 과세가액에 산입하여 상속세를 부과할 때 다음과 같이 계산한 이자상당액을 그 부과하는 상속세에 가산한다(상증령 §15 ⑳).

$$이자상당액 = 상속세 \times 국세환급가산금 이자율 \times \frac{상속세\ 신고기한의\ 다음날부터\ 추징사유가\ 발생한\ 날까지의\ 시간}{365}$$

7. 가업상속공제와 영농상속공제 중복적용 배제

가업상속공제를 적용하는 상속재산에 대하여 영농상속공제를 동시에 적용하지 않는다(상증법 18의4).

Ⅲ 개인기업의 구체적인 가업상속공제 요건

1. 가업의 범위

가업상속공제 대상이 되는 가업은 중소기업 또는 중견기업(상속이 개시되는 소득세 과세기간 또는 법인세 사업연도의 직전 3개 소득세 과세기간 또는 법인세 사업연도의 매출액의 평균금액이 5천억원[2]이상인 기업은 제외한다)으로서 피상속인이 10년 이상 계속하여 경영한 기업을 말한다. 피상속인이 10년 이상 계속하여 영위한 사업의 판정 시 피상속인이 사업장을 이전하여 같은 업종의 사업을 계속하여 영위하는 경우에는 종전 사업장에서의 사업기간을 포함하여 계산한다(상증칙 18의2-15…1 ③).

┃개인기업 상속시 가업의 요건 개정연혁┃

적용기간	개인기업상속시 가업의 범위
2023.01.01.이후	·중견기업은 직전 3개 과세기간의 평균 매출액이 5천억원 이상은 제외
2022.01.01.이후	·중견기업은 직전 3개 과세기간의 평균 매출액이 4천억원 이상은 제외
2020.01.01.이후	·탈세·회계부정행위를 하는 경우 공제적용 배제
2019.01.01.이후	·중견기업의 경우 가업상속인의 상속세 납부능력 있는 경우 적용제외 추가
2017.02.07.이후	·중견기업 범위 개정 ·가업상속공제 대상이 되는 업종을 별표에 규정함 ·10년 이상 계속하여 지분율 보유

---

[2] 2011 ~ 2012년 상속분은 직전사업연도의 매출액이 1천500억원, 2013년 상속분은 2천억원, 2014년~2016년 3천억원, 2017년~2020년 직전 3년간 평균매출액 3천억원, 2022년 직전 3년간 평균매출액 4천억, 2023년 이후 직전3년간 평균매출액이 5천억원 이상인 기업은 제외한다.

적용기간	개인기업상속시 가업의 범위
2017년~2021년	· 조특법상 중소기업과 중견기업(직전 3개 과세기간의 매출액의 평균금액이 3천억원 이상 제외)으로서 피상속인이 10년 이상 계속하여 경영한 기업
2016.02.05.~2017.02.06.	· 작물재배업 중 종자 및 묘목생 산업을 영위하는 기업으로서 일정 요건 충족시 가업상속공제 가능
2014~2016년.	· 조특법상 중소기업과 규모의 확대 등으로 중소기업에 해당하지 아니하게 된 기업(직전연도 매출액이 3천억원을 초과하거나 상호출자제한기업집단은 제외)으로서 피상속인이 10년 이상 계속하여 경영한 기업
2013.01.01.~12.31.	· 조특법상 중소기업과 규모의 확대 등으로 중소기업에 해당하지 아니하게 된 기업(직전연도 매출액이 2천억원을 초과하거나 상호출자제한기업집단은 제외)으로서 피상속인이 10년 이상 계속하여 경영한 기업
2011~2012년	· 조특법상 중소기업과 규모의 확대 등으로 중소기업에 해당하지 아니하게 된 기업(직전연도 매출액이 1천500억원을 초과하거나 상호출자제한기업집단은 제외)으로서 피상속인이 10년 이상 계속하여 경영한 기업

2. 피상속인 요건

첫째, 피상속인이 거주자로서 10년 이상 계속하여 가업을 영위하여야 한다. 이 경우 가업의 경영기간은 가업상속 대상 기업의 주된 사업(업종)를 기준으로 판단하며(기획재정부 재산세제과-70, 2021.01.21.), 피상속인이 가업을 영위하다 주된 업종을 변경한 경우 가업영위기간이 10년인지 여부는 업종 변경후 최초로 재화 또는 용역을 개시한 날부터 10년의 요건을 판단한다(기준법령재산-227, 2015.10.28.). 다만, 2022.02.15. 이후 상속이 개시되는 경우로서 동일한 대분류 내의 다른 업종으로 주된 사업을 변경하여 영위한 기간은 합산한다(상증령 15 ③).

둘째, 가업의 영위기간 중 다음의 어느 하나에 해당하는 기간을 대표자로 재직하여야 한다.

① 100분의 50 이상의 기간

② 10년 이상의 기간(상속인이 피상속인의 대표자 등의 직을 승계하여 승계한 날부터 상속개시일까지 계속 재직한 경우로 한정한다). 이 경우 10년 이상의 기간은 연속된 10년 이상이 아니라 가업영위기간중 대표이사로 재직한 기간을 통산하여 10년 이상을 의미한다(기준-2021-법령해석재산-0024,2021.02.24.)

③ 상속개시일부터 소급하여 10년 중 5년 이상의 기간

피상속인의 대표자 재직 요건에 대해 2010.02.17.이전 상속분의 경우에는 피상속인의 가업의 영위기간 중 80% 이상의 기간을 대표자로 재직하여야 하였다. 이에 대한 개정을 통하여 2013년까지는 가업의 영위기간 중 60% 이상의 기간을 대표자로 재직하거나 또는 상속개시일부터 소급하여 10년 중 8년 이상의 기간을 대표자로 재직할 것을 요건으로 하였으나 2014.02.21. 이후 상속분부터는 대폭 완화하였다. 2022.02.15. 이후부터는 경영승계를 준비하는 기업에 대한 가업상속공제의 지원을 강화하기 위해 업종 변경을 대폭 확대하였다.

개인기업 상속시 피상속인 요건 개정연혁

적용시기	개인기업 상속시 피상속인 요건
2022.02.15. 이후	・가업의 영위기간 중 별표에 따른 업종으로서 한국표준산업분류상 동일한 대분류 내의 다른 업종으로 주된 사업을 변경하여 영위한 기간은 합산
2014.02.21.~현재	・10년 이상 가업영위 ・대표자 재직요건 : 가업영위 기간중 50%이상 또는 상속개시일전 10년 중 5년이상 또는 10년이상 재직(이후 상속인이 대표자 재직)
2010.02.18. ~ 2014.02.20.	・10년 이상 가업영위 ・가업영위 기간중 60%이상 또는 상속개시일전 10년 중 8년 이상 대표자 재직

3. 상속인 요건

(1) 상속인의 사전요건

다음의 요건을 모두 충족한 상속인이어야 한다. 2016.02.05. 이후 상속분부터 공동상속도 가능하며, "가업상속재산 중 일부만 가업상속공제의 요건을 충족한 상속인이 상속받은 경우에도 적용받을 수 있다"라고 국세청은 해석(서면상속증여-3909, 2016.09.27.)하고 있다.
① 상속개시일 현재 18세 이상일 것
② 상속개시일 전에 2년 이상 직접 가업에 종사(상속개시일 2년 전부터 가업에 종

사한 경우로서 상속개시일부터 소급하여 2년에 해당하는 날부터 상속개시일까지의 기간 중 상속인이 법률의 규정에 의한 병역의무의 이행, 질병의 요양, 취학상 형편 등으로 가업에 직접 종사할 수 없는 부득이한 사유로 가업에 종사하지 못한 기간이 있는 경우에는 그 기간은 가업에 종사한 기간으로 본다. 다만, 그 부득이한 사유가 종료된 후 가업에 종사하지 아니하거나 가업상속받은 재산을 처분하는 경우를 제외한다)한 경우. 다만, 피상속인이 65세(2016.02.04. 이전 상속분은 60세) 이전에 사망하거나 천재지변 및 인재 등 부득이한 사유로 사망한 경우에는 그러하지 아니하다.

상속인이 직접 가업에 종사한 기간의 판정시 상속인이 가업에 종사하다가 중도에 퇴사한 후 다시 입사한 경우 재입사 전 가업에 종사한 기간은 포함하여 계산한다(상증통 18의2-15…2).
③ 상속세과세표준 신고기한까지 임원으로 취임할 것
④ 상속세과세표준 신고기한부터 2년 이내에 대표자로 취임한 경우

(2) '가업에 직접 종사한 경우'의 의미

법원과 조세심판원은 "상속인의 사전가업종사 요건을 적용"할 때 전적으로 가업에만 종사한 경우 뿐 아니라 겸업의 경우에도 그 가업의 경영과 의사결정에 있어서 중요한 역할을 담당하였다면 '상속인이 가업에 직접 종사한 경우'에 포함된다고 해석해야 할 것이라고 판시(서울행법 2014구합59832, 2015.04.16. ; 조심 2018서4591, 2020.01.13.)한 바 있다.

국세청은 피상속인(51%)과 상속인(49%)이 공동으로 출자하여 공동대표자로 경영한 개인사업체의 피상속인 지분을 공동출자한 상속인이 전부 상속받는 경우 가업상속공제를 적용할 수 있는 것이라고 해석(서면-2015-법령해석재산-0448, 2015.07.02.)하고 있다.

또한 국세청은 "아버지와 아들이 공동으로 출자하여 공동대표자로 경영하는 경우 아버지 사망시 가업상속공제 여부는 아버지가 실질적 가업 경영의 주체인 경우에 적용되는 것이다"라고 해석(서면-2023-상속증여-4005, 2025.01.23.서면-2019-상속증여-4501, 2020.05.26.)하고 있다.

(3) 상속인의 배우자가 가업을 경영해도 가업상속공제 배제

국세청은 "상속인의 배우자가 대표이사 등으로 취임하는 경우 상속인이 요건을 갖춘 것으로 보는 상속세및증여세법 시행령 제15조 제2항 제2호는 법인사업자에게만 적용되는 것이다"라고 해석(서면-2024-상속증여-0121, 2024.12.12.)하고 있다.

┃ 개인기업 상속시 상속인 요건 개정연혁 ┃

적용기간	개인기업 상속시 상속인 요건
2022.02.15.이후	·상속개일전에 상증령 제15조 제3항 제1호 나목의 가업영위기간 중 2년 이상 직접 가업에 종사할것
2016.02.05.~현재	·상속인 2명 이상 공동상속도 가능, 이외 이전과 동일
2014.02.21. ~ 2016.02.04.	① 18세 이상, ② 상속개시일 2년 이상 직접 가업종사 ③ 상속인 1명이 가업재산 전부 상속(유류분 제외) ④ 상속세신고기한이내 임원취임, 2년 이내 대표자 취임 ☞ 상속인의 배우자 ①, ②, ④ 요건을 충족하는 경우 가능함
2009.02.04. ~ 2014.02.20.	·상속세신고기한 이내 임원취임 및 2년 이내 대표자 취임, 이외 이전과 동일

4. 10년 이상 동일업종(대분류내 업종변경 영위기간 포함) 유지 요건 등

가업상속공제는 피상속인이 상속개시일 현재 10년 이상 계속하여 별표에 따른 업종을 주된 사업으로 영위한 기업을 경영한 경우에 적용하는 것이다(서면-2019-상속증여-4227, 2021.03.30.). 다만, 2022.2.15. 이후 상속이 개시되는 경우로서 가업의 영위기간 중 별표에 따른 업종으로서 "통계법 제22조에 따라 통계청장이 작성·고시하는 한국표준산업분류"상 동일한 대분류 내의 다른 업종으로 주된 사업을 변경하여 영위한 기간은 합산한다(상증령 15 ③).

또한, 피상속인이 2 이상의 독립된 사업장을 영위한 경우에 가업상속공제 적용 여부는 각 사업장별로 구분하여 판단한다(재산-1253, 2009.06.23.). 또한 2 이상의 서로 다른 사업을 영위하는 경우에는 사업별 사업수입금액이 큰 사업을 주된 사업으로 보아 적용한다(서면-2019-상속증여-4227, 2021.03.30.).

Ⅳ. 법인기업의 구체적인 가업상속공제 요건

1. 가업의 범위

(1) 피상속인이 10년 이상 계속하여 중소기업 또는 중견기업의 최대주주인 가업

가업상속공제 대상이 되는 가업에는 피상속인이 중소기업 또는 중견기업[상속이 개시되는 소득세 과세기간 또는 법인세 사업연도의 직전 3개 소득세 과세기간 또는 법인세 사업연도의 매출액의 평균금액이 5천억원[3]이상인 기업은 제외한다]을 영위하는 법인의 최대주주 또는 최대출자자인 경우로서 그의 특수관계인의 주식 등을 합하여 발행주식총수 등의 100분의 40(거래소에 상장된 법인은 100분의 20)[4]이상을 10년 이상 계속하여 보유하고 있는 경우를 포함한다(상증령 §15 ③).

그 동안 매출액의 기준을 적용할 때 상속이 개시되는 사업연도의 직전 사업연도의 매출액으로 판단하였으나 2017.02.07. 이후 상속이 개시되는 분부터는 상속이 개시되는 사업연도의 직전 3개 사업연도의 매출액의 평균금액으로 판단하도록 개정하였고, 최대주주로서의 주식 보유기준에 대해서는 그동안 10년 이상 보유할 것을 요건으로 하였으나 2017.02.07. 이후 상속이 개시되는 분부터는 10년 이상 계속 보유할 것을 요건으로 하고 있다.

(2) 동일한 법인의 최대주주 등 중 1인에 대하여만 가업상속공제 적용

(가) 원칙

상속세및증여세법 제18조의2 제1항에 따른 가업상속이 이루어진 후에 가업상속 당시 최대주주 또는 최대출자자에 해당하는 자(가업상속을 받은 상속인은 제외한다)의 사망으로 상속이 개시되는 경우는 가업상속공제가 적용되지 않는다(상증령 §15 ③). 즉, 동일한 법인내에서 최대주주 등 중 1인에 대해서만 가업상속공제가

---

[3] 2011~2012년 상속분은 직전사업연도의 매출액이 1천500억원, 2013년 상속분은 2천억원, 2014년~2016년 3천억원, 2017년~2020년 직전 3년간 평균매출액 3천억원, 2022년 직전 3년간 평균매출액 4천억, 2023년이후 직전3년간 평균매출액이 5천억원 이상인 기업은 제외한다.
[4] 2022년 이전 상속은 100분의 50, 거래소에 상장되어 있는 법인이면 100분의 30(2010. 12.31. 이전은 100분의 40)

적용된다.

(나) 가업상속을 받은 상속인의 사망으로 재상속시 가업상속공제 가능함

다만, 가업상속을 받은 상속인이 사망하여 다시 상속이 이루어지는 경우에는 재상속당시 가업상속공제 요건을 또 다시 충족하는 경우에는 가업상속공제가 적용된다. 동 규정은 2011.01.01. 이후 상속분부터 적용된다.

(3) 최대주주 등의 범위

(가) 최대주주 등의 정의

상기에서 말하는 "최대주주 또는 최대출자자"란 주주 또는 출자자(이하 "주주등"이라 한다) 1인과 그의 특수관계인의 보유주식 등을 합하여 그 보유주식 등의 합계가 가장 많은 경우의 해당 주주등(주주등 1인과 그의 특수관계인 모두를 포함한다)을 말한다(상증령 §19 ②).

(나) 최대주주 또는 최대출자자 판정

최대주주 또는 최대출자자(최대주주등)의 판정은 다음에 의한다(상증통 22-19…1).
① 피상속인과 상속세및증여세법 시행령 제19조 제2항 각호의 1에 규정하는 특수관계자의 보유주식 등을 합하여 최대주주 등에 해당하는 경우에는 피상속인 및 그와 특수관계에 있는 자 모두를 최대주주 등으로 본다.
② ①에 의한 보유주식의 합계가 동일한 최대주주 등이 2 이상인 경우에는 모두를 최대주주 등으로 본다.

(다) 특수관계인의 범위

상기에서 특수관계인이라 함은 주주1인과 상속세및증여세법 시행령 제2조의2 어느 하나에 해당하는 관계에 있는 자를 말한다.

법인기업 상속시 가업의 요건 개정연혁

적용기간	법인기업 상속시 가업의 범위
2023.01.01. 이후	· 중견기업은 직전 3개 과세기간의 평균 매출액이 5천억원 이상은 제외
2022.01.01. 이후	· 중견기업은 직전 3개 과세기간의 평균 매출액이 4천억원 이상은 제외
2020.01.01. 이후	· 탈세·회계부정행위를 하는 경우 공제적용 배제
2019.01.01. 이후	· 중견기업의 경우 가업상속인의 상속세 납부능력 있는 경우 적용제외 추가
2017.02.07. 이후	· 중견기업 범위 개정 · 가업상속공제 대상이 되는 업종을 별표에 규정함 · 10년 이상 계속하여 지분율 보유
2017년~2021년	· 조특법상 중소기업과 중견기업(직전 3개 과세기간의 매출액의 평균금액이 3천억원이상 제외)으로서 피상속인이 10년 이상 계속하여 경영한 기업
2016.02.05. ~ 2017.02.06.	· 작물재배업 중 종자 및 묘목생 산업을 영위하는 기업으로서 일정 요건 충족시 가업상속공제 가능
2014년~2016년	· 조특법상 중소기업과 규모의 확대 등으로 중소기업에 해당하지 아니하게 된 기업(직전연도 매출액이 3천억원을 초과하거나 상호출자제한기업집단은 제외)으로서 피상속인이 10년 이상 계속하여 경영한 기업

2. 피상속인의 요건

가업상속은 피상속인이 다음의 (1), (2), (3), (4) 요건을 모두 갖춘 경우에만 적용한다(상증령 §15 ③).

(1) 피상속인이 최대주주로서 10년 이상 계속하여 가업을 영위해야 함

피상속인은 거주자로서 10년 이상 계속하여 가업을 영위하여야 한다. 여기에서 "가업의 영위기간"을 계산할 때 그 기산일을 언제부터 기산할 것인지 여부에 대한 규정이 없다. 국세청은 법인가업의 가업영위기간은 피상속인이 특수관계인의 주식수와 합하여 100분의 40(상장법인은 100분의 20)[5]을 초과하는 최대주주인 상태를

---

[5] 2022년 이전 상속은 100분의 50, 거래소에 상장되어 있는 법인이면 100분의 30(2010. 12.31. 이전은 100분의 40)

유지하면서 실제 가업의 경영에 참가한 때부터 기산한다고 해석(법규재산 2013-432, 2014.01.22.)하고 있다. 또한, 가업의 경영기간은 가업상속 대상 기업의 주된 사업(업종)을 기준으로 판단한다(기획재정부 재산세제과-70, 2021.01.21.). 다만, 2022.02.15. 이후 상속이 개시되는 경우로서 가업의 영위기간중 별표에 따른 업종으로서 통계법 제22조에 따라 통계청장이 작성·고시하는 한국표준산업분류"상 동일한 대분류 내의 다른 업종으로 주된 사업을 변경하여 영위한 기간은 합산한다(상증령 15 ③).

최근 기획재정부는 "상속개시일 현재 피상속인이 가업을 경영할 것"은 가업상속공제 요건이 아니라고 해석(기획재정부 조세법령운용과-571, 2022.05.30.)한 바 있다.

(2) 피상속인이 일정기간 동안 대표이사로 재직해야 함

(가) 대표이사 재직기간 요건

2014.02.21. 이후 상속이 개시되는 분부터 피상속인이 가업의 영위기간 중 다음의 어느 하나에 해당하는 기간을 대표이사로 재직하여야 하며, 유한책임회사의 경우 업무집행자를 대표이사로 보아 적용한다(서면-2019-법규재산-2914, 2022.05.31).

① 100분의 50 이상의 기간
② 10년 이상의 기간(상속인이 피상속인의 대표이사등의 직을 승계하여 승계한 날부터 상속개시일까지 계속 재직한 경우로 한정한다). 이 경우 10년 이상의 기간은 연속된 10년 이상이 아니라 가업영위기간 중 대표이사로 재직한 기간을 통산하여 10년 이상을 의미한다(기준-2021-법령해석재산-0024, 2021.02.24.)
③ 상속개시일부터 소급하여 10년 중 5년 이상의 기간

(나) '대표이사 재직'의 의미

이 때 피상속인이 대표이사로 재직한 경우라 함은 피상속인이 대표이사로 법인등기부에 등재되고 대표이사직을 수행하는 경우를 의미하며(재산세과-172, 2011.04.01.), 공동대표이사로 등기된 경우도 적용된다(재산-2975, 2008.09.29.). 또한, 상법상 집행임원 설치회사에서는 대표집행임원을 대표이사로 본다(상속증여-496, 2013.08.23.).

서울고등법원은 "미등기된 실질적 대표를 가업상속공제의 관련 규정 대표이사 등에 포함된다고 볼 경우, 그 재직기간의 시가와 종기를 정확하기 특정하기 어려워 가업상속공제의 적용이 지나치게 확장될 염려가 있음을 고려할 때, 실질적 대표는 포함되지 않는다고 해석하는 것이 타당한 해석이다"라고 판시(서울고등법원2022누53015, 2023.04.19.)한 바 있다.

(3) 10년이상 계속하여 최대주주로서 지분율 40%(20%)이상 보유해야 함

가업상속공제를 적용받을 수 있는 법인 가업은 피상속인이 중소기업 또는 중견기업의 최대주주인 경우로서 피상속인과 그의 특수관계인의 주식등을 합하여 해당 법인의 발행주식총수등(자기주식은 발행주식총수에서 제외한다)의 100분의 40(상장법인은 100분의 20)[6]을 10년 이상 계속하여 보유하는 경우에 한정한다(상속증여-579, 2013.10.14.). 최대주주로서의 주식 보유기준에 대해서는 그동안 10년 이상 보유할 것을 요건으로 하였으나 2017.02.07. 이후 상속이 개시되는 분부터는 가업요건(10년 이상 경영)을 감안하여 주식보유 기간 명확화하기 위하여 10년 이상 계속 보유할 것을 요건으로 하고 있다.

또한 최대주주 요건을 판정할 때 피상속인과 그의 특수관계인의 주식 등을 합하여 해당 기업의 발행주식총수의 100분의 40(상장법인은 100분의 20)[7]이상을 계속하여 보유하는 지 여부는 상법에 따른 의결권이 없는 우선주는 발행주식총수 및 피상속인과 그의 특수관계인이 보유하는 주식수에서 제외한다(상속증여세과-114, 2018.03.02.). 대법원도 법인의 형태로 기업을 경영한 경우 '가업'에 해당하려면 피상속인이 최대주주 등으로서 10년 이상 계속하여 그 특수관계자의 주식 등을 합하여 일정 비율 이상으로 주식 등의 지분을 보유할 것이 요구된다고 판시(대법 2013두17206, 2014.03.13.)한 바 있다.

---

[6] 2022년 이전 상속은 100분의 50, 거래소에 상장되어 있는 법인이면 100분의 30(2010. 12.31. 이전은 100분의 40)
[7] 2022년 이전 상속은 100분의 50, 거래소에 상장되어 있는 법인이면 100분의 30(2010. 12.31. 이전은 100분의 40)

(4) 피상속인이 10년 미만 보유한 주식도 가업상속공제 대상

종전에는 국세청 및 조세심판원 등은 법인기업에 대한 가업상속공제 규정 적용시 피상속인이 10년 이상 계속하여 보유한 주식에 대하여 적용한다고 해석(상속증여세과-731, 2018.08.07.; 조심 2019서1956, 2019.07.11.)하여 왔다. 그러나 최근 기획재정부는 가업상속에 해당되는 법인의 경우 해당 법인 주식 중 피상속인이 직접 10년 이상 보유한 주식에 대해서만 가업상속공제가 적용되는지 여부에 대하여 "2022.01.05. 이후 결정·경정분부터 해당 법인 주식 중 피상속인이 10년 이상 보유하지 않은 주식에 대해서도 적용된다"라고 해석(기획재정부 조세법령운용과-10, 2022.01.05.)하였다.

한편, 의결권 없는 우선주는 가업상속공제대상에 해당하지 않으며, 가업상속공제의 피상속인 등의 지분율 판정시 의결권 없는 우선주는 제외한다고 해석(법규-1088, 2014.10.14.)하고 있음을 유의해야 한다.

┃ 법인기업 상속시 피상속인 요건 개정연혁 ┃

적용시기	법인기업 상속시 피상속인 요건
2023년 이후 상속	·피상속인과 특수관계인의 주식등을 합하여 40%(상장주식20%) 이상을 10년 이상 계속하여 보유, 나머지 요건 종전과 동일
2022.02.15. 이후	·가업의 영위기간 중 별표에 따른 업종으로서 한국표준산업분류상 동일한 대분류 내의 다른 업종으로 주된 사업을 변경하여 영위한 기간은 합산
2017.02.17. 이후	·10년 이상 계속하여 최대주주로서 가업영위 ·대표이사 재직요건 : 가업영위 기간 중 50% 이상 또는 상속개시일 전 10년 중 5년 이상 또는 10년 이상 재직(이후 상속인이 대표자 재직) ·피상속인과 특수관계인의 주식등을 합하여 50%(상장주식30%) 이상을 10년 이상 계속하여 보유
2014.02.21. ~2017.02.06	·10년 이상 계속하여 최대주주로서 가업영위 ·대표이사 재직요건 : 가업영위 기간중 50% 이상 또는 상속개시일 전 10년 중 5년 이상 또는 10년 이상 재직(이후 상속인이 대표자 재직) ·피상속인과 특수관계인의 주식 등을 합하여 50%(상장주식30%) 이상 계속보유

적용시기	법인기업 상속시 피상속인 요건
2010.02.18. ~2014.02.20.	· 10년 이상 계속하여 최대주주로서 가업영위 · 가업영위 기간 중 60% 이상 또는 상속개시일 전 10년 중 8년 이상 대표이사 재직 · 피상속인과 특수관계인의 주식 등을 합하여 50%(2011년 이후 상장주식 30%) 이상 보유

3. 상속인 요건

(1) 상속인의 사전 요건

다음의 요건을 모두 충족한 상속인이어야 한다. 이 경우 2014.02.21. 상속분부터 재산은 상속인이 상속받고 그 상속인의 배우자가 다음 ①, ②, ③, ④의 요건을 모두 갖추어 가업을 경영하는 경우에는 상속인이 그 요건을 갖춘 것으로 본다. 2016.02.05. 이후 상속분부터 공동상속도 가능하며, "가업상속재산 중 일부만 가업상속공제의 요건을 충족한 상속인이 상속받은 경우에도 적용받을 수 있다"라고 국세청은 해석(서면상속증여-3909, 2016.09.27.)하고 있다.

① 상속개시일 현재 18세 이상일 것
② 상속개시일 전에 2년 이상 직접 가업에 종사(상속개시일 2년 전부터 가업에 종사한 경우로서 상속개시일부터 소급하여 2년에 해당하는 날부터 상속개시일까지의 기간 중 상속인이 법률의 규정에 의한 병역의무의 이행, 질병의 요양, 취학상 형편 등으로 가업에 직접 종사할 수 없는 부득이한 사유로 가업에 종사하지 못한 기간이 있는 경우에는 그 기간은 가업에 종사한 기간으로 본다. 다만, 그 부득이한 사유가 종료된 후 가업에 종사하지 아니하거나 가업상속받은 재산을 처분하는 경우를 제외한다)한 경우. 다만, 피상속인이 65세(2016.02.04. 이전 상속분은 60세) 이전에 사망하거나 천재지변 및 인재 등 부득이한 사유로 사망한 경우에는 그러하지 아니하다.
   상속인이 직접 가업에 종사한 기간의 판정시 상속인이 가업에 종사하다가 중도에 퇴사한 후 다시 입사한 경우 재입사전 가업에 종사한 기간은 포함하여 계산한다(상증통 18-15…1).

③ 상속세과세표준 신고기한까지 임원으로 취임할 것
④ 상속세과세표준 신고기한부터 2년 이내에 대표자로 취임한 경우, 이 때, "대표이사 등으로 취임한 경우"라 함은 상속인이 대표이사로 선임되어 법인등기부에 등재되고 대표이사직을 수행하는 경우를 말하며(재산-166, 2010.03.18.), 상속인이 공동대표이사로 등기된 경우에도 적용된다(재산-2975, 2008.09.29.). 2024.02.29. 이후에 상속이 개시되어 가업상속을 받은 기업으로서 기회발전특구에 소재하거나 이전하는 기업에 대해서는 상속인이 상속세과세표준 신고기한부터 2년 이내에 대표이사 등으로 취임하는 요건과 상속인이 대표이사등으로 종사의무 요건을 적용하지 않는다(상증령 §15 (25)).

(2) '가업에 직접 종사한 경우'의 의미

법원과 조세심판원은 "상속인의 사전가업종사 요건을 적용"할 때 전적으로 가업에만 종사한 경우 뿐 아니라 겸업의 경우에도 그 가업의 경영과 의사결정에 있어서 중요한 역할을 담당하였다면 '상속인이 가업에 직접 종사한 경우'에 포함된다고 해석해야 할 것이라고 판시(서울행법 2014구합59832, 2015.04.16. ; 조심 2018서4591, 2020.01.13.)한 바 있다.

| 법인기업 상속시 상속인 요건 개정연혁 |

적용기간	법인기업 상속시 상속인 요건
2022.02.15. 이후	· 상속개일 전에 상증령 제15조 제3항 제1호 나목의 가업영위기간 중 2년 이상 직접 가업에 종사할것
2016.02.05. ~ 현재.	· 상속인 2명 이상 공동상속도 가능, 이외 이전과 동일
2014.02.21. ~ 2016.02.04.	① 18세 이상, ② 상속개시일 2년 이상 직접 가업종사 ③ 상속인 1명이 가업재산 전부 상속(유류분 제외) ④ 상속세신고기한이내 임원취임, 2년 이내 대표이사 취임 ☞ 상속인의 배우자가 ①, ②, ④요건을 충족하는 경우 가능함
2009.02.04. ~ 2014.02.20.	· 상속세신고기한 이내 임원취임 및 2년 이내 대표이사 취임, 이외 이전과 동일

4. 10년 이상 동일업종(대분류내 업종변경 영위기간 포함) 유지 요건 등

가업상속공제는 피상속인이 상속개시일 현재 10년 이상 계속하여 별표에 따른 업종을 주된 사업으로 영위한 기업을 경영한 경우에 적용하는 것이며(서면-2019-상속증여-4227, 2021.03.30.), 2022.02.15. 이후 상속이 개시되는 경우로서 가업의 영위기간 중 별표에 따른 업종으로서 "통계법 제22조에 따라 통계청장이 작성·고시하는 한국표준산업분류"상 동일한 대분류 내의 다른 업종으로 주된 사업을 변경하여 영위한 기간은 합산한다(상증령 15 ③).

피상속인이 2 이상의 독립된 사업장을 영위한 경우에 가업상속공제 적용 여부는 각 사업장별로 구분하여 판단한다(재산-1253, 2009.06.23.). 또한 2 이상의 서로 다른 사업을 영위하는 경우에는 사업별 사업수입금액이 큰 사업을 주된 사업으로 보아 적용한다(서면-2019-상속증여-4227, 2021.03.30.).

5. 기타 고려사항

(1) 개인사업자의 법인전환에 따른 가업영위기간 계산

10년 이상 계속하여 경영한 가업 판단시 개인사업자로서 영위하던 가업을 동일업종의 법인으로 전환하여 피상속인이 법인 설립일 이후 계속하여 그 법인의 최대주주 등에 해당하는 경우에는 개인사업자로서 가업을 영위한 기간을 포함하여 계산한다(상증칙18의2-15…1 ④). 또한 대표이사 재직기간에도 개인사업자의 대표자인 기간을 포함한다(서면상속증여-611, 2015.06.11). 일부 사업용 자산을 제외하고 법인전환을 하였다 하더라도 법인이 전환 후에 동일한 업종을 영위하는 등 가업의 영속성이 유지되는 경우에는 피상속인이 개인사업자로서 영위한 기간을 가업영위기간에 포함하여 계산한다(기획재정부 재산세과-725, 2019.10.28.).

(2) 법인을 분할한 경우 가업상속공제 요건

법인이 인적분할한 경우 분할신설법인의 사업영위기간은 분할 전 분할법인의 가업영위기간의 기산일부터 계산하여 가업상속공제를 적용한다(서면-2022-상속증여-3997, 2022.09.29.).

기획재정부는 "피상속인이 운영하던 중소기업을 2개의 법인으로 분할하여 2인의 상속인에게 각각 상속하는 경우, 일정 요건을 갖춘 상속인 1명이 전부 상속받은 경우에 해당하지 아니하므로 가업상속공제를 적용받을 수 없다"라고 해석(재재산-287, 2011.04.19.)한 사실이 있다. 그러나 2016.02.05.부터 공동상속도 가능하므로 가업상속공제를 적용받을 수 있다는 것이 필자의 의견이다.

(3) 법인이 합병한 경우 가업상속공제 요건

피상속인의 가업영위기간을 충족한 법인(A법인)과 충족하지 않은 법인(B법인)이 합병하여 합병 후 존속법인(A법인)을 상속받은 경우에도 가업상속공제가 적용되며, 가업상속공제가 적용되는 주식등은 합병전에 A법인이 발행한 주식에 한정한다.(기획재정부 재산세제과-1459, 2024. 12.23.)

(4) 피상속인이 명의신탁한 주식에 대한 가업상속공제 적용여부

2016.02.05.전에는 피상속인이 보유한 차명주식을 상속세 과세표준 신고 시 상속재산에 포함하지 아니하고 신고함으로써 상속인 1명(2016.02.05.전 상속에 한함)이 상속세 과세표준 신고기한까지 해당가업의 전부를 상속받지 아니한 경우에는 가업상속공제를 적용하지 않는다(법규-909, 2014.08.22.: 조심 2015중1071, 2016.05.26.).

그러나 2016.02.05. 이후부터는 공동상속도 가능하게 되었지만 차명주식에 대하여 상속세 신고시 무신고하고 또한 협의분할이 되지 않은 경우까지 가업상속공제 적용 여부에 대하여는 새로운 해석이 필요하다. 조세심판원은「2016.2.5. 1인 가업상속 공제 규정이 삭제되어 전부 상속되지 아니한 것에 대하여도 가업상속공제가 적용된다고 보아야 하므로, 청구인들이 이미 신고한 ○○○ 주식 24,000주에 대하여는 가업상속공제가 적용됨이 타당하다고 판단된다」라고 결정(조심 2020구0841, 2020.10.28.)한 바 있다.

(5) 1개의 가업을 공동상속한 경우 가업상속공제 적용여부

1개의 가업을 공동상속한 경우에도 대표자등으로 취임하는 등 가업승계요건을 충족한 자의 승계지분에 대하여 가업상속공제를 적용하는 것임(상속증여세과-198, 2018.02.21.).

Ⅴ 가업상속공제 적용대상 중소기업 및 중견기업의 범위

1. 중소기업의 정의

가업상속공제 대상이 되는 중소기업이란 상속개시일이 속하는 소득세 과세기간 또는 법인세 사업연도의 직전 소득세 과세기간 또는 법인세 사업연도 말 현재 다음의 요건을 모두 갖춘 기업(중소기업)을 말한다. 이 개정규정은 2017.02.07.상속분부터 적용한다.

① 별표에 따른 업종을 주된 사업으로 영위할 것
② 조세특례제한법 시행령 제2조 제1항 제1호 및 제3호의 요건을 충족할 것
③ 자산총액이 5천억원 미만일 것

그 동안 중소기업은 조세특례제한법에서 제5조에서 규정한 업종을 영위하는 기업을 대상으로 조세지원을 하였다. 이러한 업종 제한을 통하여 지원하다가 2017년부터는 소비성서비스업을 제외한 모든 업종을 지원함으로써 가업상속공제 대상 업종은 상속세 및 증여세법 시행령 별표에서 지원대상 업종을 별도로 규정하게 되었다.

☞ 중소기업 유예기간 중에 있는 중소기업은 제외됨(재산세과-214, 2009.09.14.)

(1) 별표에 따른 업종을 주된 사업으로 영위할 것

가업상속공제의 적용대상 업종은 다음과 같이 상속세 및 증여세법 시행령 [별표]에서 지원대상 업종을 대상으로 한다(2017.02.07. 이후부터 적용된다).

▌[별표] 가업상속공제를 적용받는 중소·중견기업의 해당업종 (제15조 제1항 및 제2항 관련) ▌

1. 한국표준산업분류에 따른 업종

표준산업분류상 구분	가업 해당 업종
가. 농업, 임업 및 어업 (01~03)	작물재배업(011) 중 종자 및 묘목생산업(01123)을 영위하는 기업으로서 다음의 계산식에 따라 계산한 비율이 100분의 50 미만인 경우 [제15조제7항에 따른 가업용 자산 중 토지(「공간정보의 구축 및 관리 등에 관한 법률」에 따라 지적공부에 등록해야 할 지목에 해당하는 것을 말한다) 및 건물(건물에 부속된 시설물과 구축물을 포함한다)의 자산의 가액]÷(제15조제7항에 따른 가업용 자산의 가액)
나. 광업(05~08)	광업 전체
다. 제조업(10~33)	제조업 전체. 이 경우 자기가 제품을 직접 제조하지 않고 제조업체(사업장이 국내 또는 「개성공업지구 지원에 관한 법률」 제2조제1호에 따른 개성공업지구에 소재하는 업체에 한정한다)에 의뢰하여 제조하는 사업으로서 그 사업이 다음의 요건을 모두 충족하는 경우를 포함한다. 1) 생산할 제품을 직접 기획(고안·디자인 및 견본제작 등을 말한다)할 것 2) 해당 제품을 자기명의로 제조할 것 3) 해당 제품을 인수하여 자기책임하에 직접 판매할 것
라. 하수 및 폐기물 처리, 원료 재생, 환경정화 및 복원업(37~39)	하수·폐기물 처리(재활용을 포함한다), 원료 재생, 환경정화 및 복원업 전체
마. 건설업(41~42)	건설업 전체
바. 도매 및 소매업 (45~47)	도매 및 소매업 전체
사. 운수업(49~52)	여객운송업[육상운송 및 파이프라인 운송업(49), 수상 운송업(50), 항공 운송업(51) 중 여객을 운송하는 경우]
아. 숙박 및 음식점업 (55~56)	음식점 및 주점업(56) 중 음식점업(561)
자. 정보통신업 (58~63)	출판업(58)
	영상·오디오 기록물제작 및 배급업(59). 다만, 비디오물 감상실 운영(59142)은 제외한다.
	방송업(60)

표준산업분류상 구분	가업 해당 업종
	우편 및 통신업(61) 중 전기통신업(612)
	컴퓨터 프로그래밍, 시스템 통합 및 관리업(62)
	정보서비스업(63)
차. 전문, 과학 및 기술서비스업 (70~73)	연구개발업(70)
	전문서비스업(71) 중 광고업(713), 시장조사 및 여론조사업(714)
	건축기술, 엔지니어링 및 기타 과학기술 서비스업(72) 중 기타 과학기술 서비스업(729)
	기타 전문, 과학 및 기술 서비스업(73) 중 전문디자인업(732)
카. 사업시설관리 및 사업지원 서비스업 (74~75)	사업시설 관리 및 조경 서비스업(74) 중 건물 및 산업설비 청소업(7421), 소독, 구충 및 방제 서비스업(7422)
	사업지원 서비스업(75) 중 고용알선 및 인력 공급업(751, 농업노동자 공급업을 포함한다), 경비 및 경호 서비스업(7531), 보안시스템 서비스업(7532), 콜센터 및 텔레마케팅 서비스업(75991), 전시, 컨벤션 및 행사 대행업(75992), 포장 및 충전업(75994)
타. 임대업 : 부동산 제외(76)	무형재산권 임대업(764,「지식재산 기본법」제3조제1호에 따른 지식재산을 임대하는 경우로 한정한다)
파. 교육서비스업(85)	교육 서비스업(85) 중 유아 교육기관(8511), 사회교육시설(8564), 직원훈련기관(8565), 기타 기술 및 직업훈련학원(85669)
하. 사회복지 서비스업 (87)	사회복지서비스업 전체
거. 예술, 스포츠 및 여가관련 서비스업 (90~91)	창작, 예술 및 여가관련 서비스업(90) 중 창작 및 예술관련 서비스업(901), 도서관, 사적지 및 유사 여가관련 서비스업(902). 다만, 독서실 운영업(90212)은 제외한다.
너. 협회 및 단체, 수리 및 기타 개인 서비스업(94~96)	기타 개인 서비스업(96) 중 개인 간병인 및 유사 서비스업(96993)

2. 개별법률의 규정에 따른 업종

가업 해당 업종
가. 「조세특례제한법」제7조제1항제1호커목에 따른 직업기술 분야 학원
나. 「조세특례제한법 시행령」제5조제9항에 따른 엔지니어링사업
다. 「조세특례제한법 시행령」제5조제7항에 따른 물류산업
라. 「조세특례제한법 시행령」제6조제1항에 따른 수탁생산업
마. 「조세특례제한법 시행령」제54조제1항에 따른 자동차정비공장을 운영하는 사업
바. 「해운법」에 따른 선박관리업
사. 「의료법」에 따른 의료기관을 운영하는 사업
아. 「관광진흥법」에 따른 관광사업(카지노업, 관광유흥음식점업 및 외국인전용 유흥음식점업은 제외한다)
자. 「노인복지법」에 따른 노인복지시설을 운영하는 사업
차. 법률 제15881호 노인장기요양보험법 부칙 제4조에 따라 재가장기요양기관을 운영하는 사업
카. 「전시산업발전법」에 따른 전시산업
타. 「에너지이용 합리화법」제25조에 따른 에너지절약전문기업이 하는 사업
파. 「국민 평생 직업능력 개발법」에 따른 직업능력개발훈련시설을 운영하는 사업
하. 「도시가스사업법」제2조제4호에 따른 일반도시가스사업
거. 「연구산업진흥법」제2조제1호나목의 산업
너. 「민간임대주택에 관한 특별법」에 따른 주택임대관리업
더. 「신에너지 및 재생에너지 개발·이용·보급 촉진법」에 따른 신·재생에너지 발전사업
러. 「소상공인 보호 및 지원에 관한 법률」제16조 제1항 제2호부터 제4호까지의 규정에 따른 요건을 갖추어 같은 법 제16조의 2 제2항에 따라 백년소상공인으로 지정된 소상공인이 운영하는 사업 (2025. 2. 28. 신설)[8]

---

8) 2025.2.28.이후 상속이 개시되는 분부터 적용한다.

┃ 업종 개정연혁 ┃

적용시기	추가 업종
2013.02.15. 이후	사회복지 서비스업, 도시가스사업법 제2조 제4호에 따른 일반도시가스사업
2014.02.21. 이후	무형재산권 임대업(지식재산 기본법 제3조 제1호에 따른 지식재산을 임대하는 경우로 한정한다), 국가과학기술 경쟁력 강화를 위한 이공계지원 특별법 제2조 제4호 나목에 따른 연구개발지원업, 개인 간병인 및 유사 서비스업, 사회교육시설, 직원훈련기관, 기타 기술 및 직업훈련 학원, 도서관·사적지 및 유사 여가 관련 서비스업(독서실 운영업은 제외)
2015.02.03. 이후	주택법에 따른 주택임대관리업, 신에너지 및 재생에너지 개발·이용·보급 촉진법에 따른 신·재생에너지 발전사업
2017.02.07. 이후	조세특례제한법에서 중소기업에 대한 업종을 제한하였으나 2017년부터는 소비성서비스업을 제외한 모든 업종으로 확대함에 따라 가업상속공제 대상 업종은 [별표1]에서 별도 규정
2022.02.17. 이후	교육서비스업중 유아교육기관이 추가됨
2023.02.28. 이후	소독, 구충 및 방제 서비스업 추가
2025.02.28. 이후	백년소상공인 포함

(2) 조세특례제한법시행령 제2조제1항제1호 · 제3호 요건을 충족할 것

(가) 매출액 기준

매출액이 업종별로 중소기업기본법 시행령 별표 1에 따른 규모 기준("평균매출액 등"은 "매출액"으로 보며, 이하 "중소기업기준"이라 한다)이내이어야 한다.

┃ [별표 1] 주된 업종별 평균매출액등의 규모 기준(2017.10.17. 개정) ┃

해당업종	분류부호	규모기준
1. 의복, 의복액세서리 및 모피제품 제조업	C14	평균매출액 등 1,500억원 이하
2. 가죽, 가방 및 신발 제조업	C15	
3. 펄프, 종이 및 종이제품 제조업	C17	
4. 1차 금속 제조업	C24	
5. 전기장비 제조업	C28	
6. 가구 제조업	C32	

해당업종	분류부호	규모기준
7. 농업, 임업 및 어업	A	평균매출액 등 1,000억원 이하
8. 광업	B	
9. 식료품 제조업	C10	
10. 담배 제조업	C12	
11. 섬유제품 제조업(의복 제조업은 제외한다)	C13	
12. 목재 및 나무제품 제조업(가구 제조업은 제외)	C16	평균매출액 등 1,000억원 이하
13. 코크스, 연탄 및 석유정제품 제조업	C19	
14. 화학물질 및 화학제품 제조업(의약품 제조업은 제외)	C20	
15. 고무제품 및 플라스틱제품 제조업	C22	
16. 금속가공제품 제조업(기계 및 가구 제조업은 제외)	C25	평균매출액 등 1,000억원 이하
17. 전자부품, 컴퓨터, 영상, 음향 및 통신장비 제조업	C26	
18. 그 밖의 기계 및 장비 제조업	C29	
19. 자동차 및 트레일러 제조업	C30	
20. 그 밖의 운송장비 제조업	C31	
21. 전기, 가스, 증기 및 공기조절 공급업	D	평균매출액 등 1,000억원 이하
22. 수도업	E36	
23. 건설업	F	
24. 도매 및 소매업	G	
25. 음료 제조업	C11	평균매출액 등 800억원 이하
26. 인쇄 및 기록매체 복제업	C18	
27. 의료용 물질 및 의약품 제조업	C21	
28. 비금속 광물제품 제조업	C23	
29. 의료, 정밀, 광학기기 및 시계 제조업	C27	
30. 그 밖의 제품 제조업	C33	
31. 수도, 하수 및 폐기물 처리, 원료재생업(수도업은 제외)	E(E36제외)	
32. 운수 및 창고업	H	
33. 정보통신업	J	
34. 산업용 기계 및 장비 수리업	C34	평균매출액 등 600억원 이하
35. 전문, 과학 및 기술 서비스업	M	

해당업종	분류부호	규모기준
36. 사업시설관리, 사업지원 및 임대 서비스업(임대업은 제외한다)	N(N76 제외)	
37. 보건업 및 사회복지 서비스업	Q	
38. 예술, 스포츠 및 여가 관련 서비스업	R	
39. 수리(修理) 및 기타 개인 서비스업	S	
40. 숙박 및 음식점업	I	평균매출액 등 400억원 이하
41. 금융 및 보험업	K	
42. 부동산업	L	
43. 임대업	N76	
44. 교육 서비스업	P	

※ 비고 : 해당 기업의 주된 업종의 분류 및 분류기호는 통계법 제22조에 따라 통계청장이 고시한 한국표준산업분류에 따른다.

※ 위 표 제19호 및 제20호에도 불구하고 자동차용 신품 의자 제조업(C30393), 철도 차량 부품 및 관련 장치물 제조업(C31202) 중 철도 차량용 의자 제조업, 항공기용 부품 제조업(C31322) 중 항공기용 의자 제조업의 규모 기준은 평균매출액등 1,500억원 이하로 한다.

(나) 실질적인 독립성이 중소기업기본법 시행령 제3조 제1항 제2호에 적합할 것

독점규제 및 공정거래에 관한 법률 제31조 제1항에 따른 공시대상기업집단에 속하는 회사 또는 같은 법 제33조에 따라 공시대상기업집단의 소속회사로 편입·통지된 것으로 보는 회사에 해당하지 않으며, 실질적인 독립성이 중소기업기본법 시행령 제3조 제1항 제2호에 적합할 것. 이 경우 중소기업기본법 시행령 제3조 제1항 제2호 나목의 주식등의 간접소유 비율을 계산할 때 자본시장과 금융투자업에 관한 법률에 따른 집합투자기구를 통하여 간접소유한 경우는 제외하며, 중소기업기본법 시행령 제3조 제1항 제2호 다목을 적용할 때 "평균매출액등이 별표 1의 기준에 맞지 아니하는 기업"은 "매출액이 조세특례제한법 시행령 제2조 제1항 제1호에 따른 중소기업기준에 맞지 않는 기업"으로 본다.

① 자산총액이 5천억원 이상인 법인(외국법인을 포함하되, 비영리법인 및 중소기업기본법 시행령 제3조의2 제3항 각 호의 어느 하나에 해당하는 자는 제외한다)이 주식등의 100분의 30 이상을 직접적 또는 간접적으로 소유한 경우로서 최다출자자인 기업. 이 경우 최다출자자는 해당 기업의 주식등을 소유한 법인

또는 개인으로서 단독으로 또는 다음의 어느 하나에 해당하는 자와 합산하여 해당 기업의 주식등을 가장 많이 소유한 자를 말하며, 주식등의 간접소유 비율에 관하여는 국제조세조정에 관한 법률 시행령 제2조 제2항을 준용한다.
ⓐ 주식등을 소유한 자가 법인인 경우: 그 법인의 임원
ⓑ 주식등을 소유한 자가 ⓐ에 해당하지 아니하는 개인인 경우: 그 개인의 친족
② 관계기업에 속하는 기업의 경우에는 중소기업기본법 시행령 제7조의4에 따라 산정한 평균매출액등이 별표 1의 기준에 맞지 아니하는 기업
③ 2017.12.29. 삭제됨. 다만 삭제 되기전의 규정에 의하면 독점규제 및 공정거래에 관한 법률 시행령 제3조의2 제2항 제4호에 따라 동일인이 지배하는 기업집단의 범위에서 제외되어 상호출자제한기업집단등에 속하지 아니하게 된 회사로서 같은 영 제3조의 요건에 해당하게 된 날부터 3년이 경과한 회사

(3) 자산총액이 5천억원 미만일 것

업종별 규모기준을 충족하더라도 재무상태표 상 자산총계(자본총계+부채총계)가 5,000억 원 미만이어야 중소기업에 해당한다. 자산총액은 회계관행에 따라 작성한 직전 사업연도 말일 현재 재무상태표상의 자산총계로 한다. 해당 사업연도에 창업하거나 합병 또는 분할한 기업의 자산총액은 창업일이나 합병일 또는 분할일 현재의 자산총액으로 한다. 외국법인의 경우 자산총액을 원화로 환산할 때에는 직전 5개 사업연도의 평균환율을 적용한다(중기령 §7의2).

2. 중견기업의 범위

(1) 의의

가업상속공제 대상은 당초 중소기업으로 한정하여 적용하였으나 규모의 확대 등으로 중소기업에 해당하지 아니하게 된 기업의 경우에는 상속세 부담이 급격히 증가하게 되었다. 이러한 급격한 세부담의 증가를 고려하여 2011.01.01. 이후 상속분부터 가업상속공제 대상기업의 범위를 연간 매출액 1천500억원 미만의 기업으로 확대하였다. 다만, 일자리 창출 지원을 위하여 고용확대를 조건으로 중소기업이 아닌 기업에 대해서는 상속 후 10년간 정규직 근로자 평균 인원이 상속개시연도 직전 사

업연도의 100분의 120 이상을 고용하도록 하는 의무를 부과하였다. 또한, 2013. 01.01. 세법 개정에서는 가업에 해당하는 중견기업의 범위를 상속이 개시되는 사업연도의 직전 사업연도의 매출액이 2천억원 미만으로 확대하였고, 2014.1.1. 상속분부터는 3천억원 미만, 2017.01.01. 상속이 개시되는 분부터는 상속이 개시되는 사업연도의 직전 3개 사업연도의 매출액의 평균금액 3천억원 미만으로, 2022.01.01. 이후 상속분부터는 4천억원으로 하였고, 용어도 "규모의 확대 등으로 중소기업에 해당하지 아니하게 된 기업"을 "중견기업"으로 명확히 하였다. 중견기업에 해당하는 가업에 대해서는 2017.12.19. 세법 개정에는 상속세 납부능력 요건을 신설하였고, 2019.01.01. 이후 상속분부터 가업상속인의 가업상속재산 외의 상속재산이 해당 가업 상속인이 납부하는 상속세액의 일정 비율을 초과하는 경우에는 가업상속공제를 적용하지 않도록 하였다.

2022.12.31. 세법개정시 중견기업의 원활한 가업상속을 지원하고 가업상속공제 제도의 활용성을 제고하고자 가업상속공제 적용대상을 3년간 평균매출액 5천억 미만 기업으로 확대하였다.

(2) 가업상속공제 대상 중견기업

가업상속공제의 대상이 되는 기업으로 중견기업은 상속개시일이 속하는 소득세 과세기간 또는 법인세 사업연도의 직전 소득세 과세기간 또는 법인세 사업연도 말 현재 다음 (가), (나), (다)의 요건을 모두 갖춘 기업(이하 "중견기업"이라 한다)을 말한다(상증령 §15 ②).

(가) 별표에 따른 업종을 주된 사업으로 영위할 것

가업상속공제의 적용대상 업종은 상속세 및 증여세법 시행령 [별표]에서 지원대상 업종을 대상으로 한다(2017.02.07. 이후부터 적용된다).

(나) 소유와 경영의 실질적인 독립성 요건

조세특례제한법 시행령 제9조 제4항 제1호 및 제3호의 요건을 충족할 것. 즉 중소기업 및 공공기관·지방공기업이 아닐 것과 중견기업 성장촉진 및 경쟁력 강화에 관한 특별법 시행령 제2조 제2항 제1호에 따라 다음과 같이 소유와 경영의 실질적

인 독립성이 다음의 어느 하나에 해당하지 아니하는 기업일 것
  ① 독점규제 및 공정거래에 관한 법률 제31조 제1항에 따른 상호출자제한기업집단에 속하는 기업
  ② 독점규제 및 공정거래에 관한 법률 시행령 제38조 제2항에 따른 상호출자제한 기업집단 지정기준인 자산총액 이상인 기업 또는 법인(외국법인을 포함한다)이 해당 기업의 주식(상법 제344조의3에 따른 의결권 없는 주식은 제외한다) 또는 출자지분의 100분의 30 이상을 직접적 또는 간접적으로 소유하면서 최다출자자인 기업. 이 경우 최다출자자는 해당 기업의 주식등을 소유한 법인 또는 개인으로서 단독으로 또는 다음의 어느 하나에 해당하는 자와 합산하여 해당 기업의 주식등을 가장 많이 소유한 자로 하며, 주식등의 간접소유비율에 관하여는 국제조세조정에 관한 법률 시행령 제2조 제3항을 준용한다
    ⓐ 주식 등을 소유한 자가 법인인 경우: 그 법인의 임원
    ⓑ 주식 등을 소유한 자가 개인인 경우: 그 개인의 친족

| 가업상속공제 대상 중견기업 매출액 개정연혁 |

구분	개정내용	비고
2011~2012년	직전 사업연도 1,500억원 미만	
2013년	직전 사업연도 2,000억원 미만	
2014~2016년	직전 사업연도 3,000억원 미만	
2017~2021년	직전3개 사업연도 평균 매출액이 3,000억원 미만	
2022년	직전3개 사업연도 평균 매출액이 4,000억원 미만	
2023년 이후	직전3개 사업연도 평균 매출액이 5,000억원 미만	

(다) 매출액 요건

상속개시일의 직전 3개 소득세 과세기간 또는 법인세 사업연도의 매출액의 평균금액이 5천억원 미만인 기업일 것. 여기서 "매출액은 기업회계기준에 따라 작성한 손익계산서상의 매출액으로 하며, 소득세 과세기간 또는 법인세 사업연도가 1년

미만인 소득세 과세기간 또는 법인세 사업연도의 매출액은 1년으로 환산한 매출액을 말한다". 다만, 창업·분할·합병의 경우 그 등기일의 다음 날(창업의 경우에는 창업일)이 속하는 과세연도의 매출액을 연간 매출액으로 환산한 금액을 말한다. 이 경우 중소기업기본법 상 관계기업이 가업상속되는 경우 해당 관계기업이 가업법인에 해당하는지 여부는 개별기업의 매출액을 기준으로 판단한다(재재산-441, 2017.07.20.; 법령해석과-993, 2017.04.12.).

┃ 가업상속공제 요건 검토 ┃

구분		검토 항목	충족 여부
가업요건	공통	① 상증령 별표에 따른 업종을 주된 사업으로 영위 (가업상속은 개인사업자도 가능)	여/부
		② 10년 이상 계속하여 경영한 기업	여/부
		③ 10년 이내 조세포탈 또는 회계 부정행위로 징역형 또는 주식회사 등의 외부감사에 관한 법률 제39조 제1항에 따른 죄(거짓으로 재무제표를 작성·공시등)에 해당하지 않을 것	여/부
	중소기업	① 자산총액 5천억원 미만	여/부
		② 조특령 §2 ① 1, 3호요건(매출액, 독립성 기준)을 충족	여/부
	중견기업	① 직전 3개 사업연도 매출액 평균 5천억원 미만	여/부
		② 조특령 §9 ④ 1, 3호요건(독립성 기준)을 충족	여/부

⇒ 10년 이상 가업 해당업종 영위 & 매출액 5천억원 이하 & 독립성 기준 충족 필요

피상속인 대표이사 재직	※ ①~③ 중 하나의 기간동안 대표이사 등 재직하면 요건 충족		여/부
	① 가업영위기간 중 50% 이상 기간		
	② 상속개시일로부터 소급하여 10년중 5년 이상의 기간		
	③ 가업기간중 10년 이상 기간(상속인의 피상속인 대표이사 등 직위 승계하여 상속개시일까지 계속 재직한 경우)		

구분	검토 항목	충족 여부
주식보유	피상속인과 그의 특수관계인의 주식 등을 합하여 비상장기업은 40%(상장기업 20%) 이상 주식 10년 이상 계속 보유	여/부
가업 승계자 (상속인)	① 18세 이상	여/부
	② 2년이상 직접 가업에 종사 〈예외규정〉 피상속인이 65세 이전에 사망 피상속인 천재지변 및 인재 등으로 사망 　* 상속개시일 2년 전부터 가업에 종사한 경우로서 병역·질병 등의 사유로 가업에 종사하지 못한 기간은 가업에 종사한 기간으로 봄	여/부
	③ 상속세 신고기한까지 임원취임 및 신고기한부터 2년 이내 대표이사 취임	여/부
	④ (중견기업 해당시) 가업상속재산 외에 상속재산의 가액이 해당 상속인이 상속세로 납부할 금액의 2배를 초과하지 않을 것	여/부

(검토내용)
모든 항목 충족시 가업상속공제 가능

☞ 국세청 2024년 발간 "가업승계 지원제도 안내" P.41.

사례 3 가업상속 공제액 계산 사례

기본사항 1. 상속현황
- 피상속인 甲 : A법인의 설립자로서 법인설립시부터 대표이사 및 최대주주임
- 상속개시일 : 2025.03.02.
- 상속인 : 배우자 을, 자녀 병(A법인 임원, 재직기간 10년), 자녀 정(의사)

2. A법인(중소기업)의 주주 및 현황
- 주주현황 : 피상속인(60%), 배우자 乙(20%), 자녀 丙(10%), 자녀 丁(10%)
- 업종 : 자동차부품 제조
- 법인설립일 : 1981.02.22.
- 피상속인 보유주식수 및 상속개시일 현재 1주당 가액 : 50,000주, @150,000
- A법인은 최근 10년 이내 조세포탈 및 회계부정한 사실 없음

3. A법인의 자산현황
- 상속세및증여세법상 자산총액 : 500억원
- 자산총액중 사업무관자산 : 임대부동산 30억원, 가지급금 10억원, 영업활동관련 없이 보유한 주식 15억원

4. 상속현황
  피상속인이 보유한 A법인의 주식을 가업에 종사하는 자녀 병이 상속을 받음.

질 의 가업상속공제 공제액은?

해 설 1. 가업상속공제 기업 해당여부
  피상속인이 제조업을 최대주주 및 대표이사로서 30년 이상 영위한 중소기업에 해당하므로 가업상속공제 대상 기업에 해당함

2. 가업영위기간 : 30년 이상에 해당됨.

3. 가업상속재산에 상당하는 가액
   ① 사업무관자산가액 : 30억원 + 10억원 + 15억원 = 55억원
   ② 사업무관자산비율 : 55억원÷500억원 = 11%
   ③ 사업용자산비율 : 100% − 11% = 89%
   ④ 가업상속공제 대상 주식가액 : 6,675,000,000원 = @150,000 × 50,000 × 89%

4. 가업상속공제액 : 6,675,000,000원
     min[(@150,000×50,000×89%), 600억원]

VI 가업상속공제 신청 및 입증서류 제출

1. 가업상속공제 신청서류 제출기한

가업상속공제를 받으려는 자는 다음과 같이 가업상속사실을 입증할 수 있는 서류를 상속세 과세표준 신고와 함께 납세지관할세무서장에게 제출하여야 한다(상증법 §18의2 ③). 이 가업상속을 입증할 수 있는 서류의 제출은 가업상속공제의 요건에는 해당되지 않는다(서울고법 2017누75745, 2018.04.04.).
① 가업상속재산명세서
② 최대주주 등에 해당하는 자임을 입증하는 서류
③ 기타 상속인이 직접 당해 가업에 종사한 사실을 입증할 수 있는 서류

이 경우 납세지 관할 세무서장은 가업상속공제의 적정 여부와 가업상속공제를 받은 상속인이 사후관리기간동안 정당한 사유없이 가업용 자산을 처분하는지 여부 등 상속세및증여세법 제18조의2 제5항 각 목9) 및 같은조 제8항10)의 해당 여부를 매년 관리하고 위반사항 발생시 당초 공제한 금액을 상속개시 당시의 상속세과세가액에 산입하여 상속세를 부과하여야 한다(상증령 §15 ㉑).

> ☞ 구체적인 가업상속을 입증할 수 있는 서류
> ① 주식등 변동상황 명세서(상속개시일전 10년 이상)
> ② 주주명부(상속개시일 현재)   ③ 법인등기부등본
> ④ 가업 직접 종사 사실을 증명할 수 있는 서류(급여지급, 4대보험징수, 업무수행관련 내부결재 서류 등)
> ⑤ 기준고용인원 및 기준총급여액 계산 내역
> ⑥ 주식평가보고서   ⑦ 사업용 자산비율 계산 내역

---

9) ⓐ 가업용 자산의 100분의 40 이상을 처분한 경우
　ⓑ 해당 상속인이 가업에 종사하지 아니하게 된 경우
　ⓒ 주식 등을 상속받은 상속인의 지분이 감소된 경우
　ⓓ 고용유지 요건을 위반한 경우
10) 가업상속공제후 조세포탈 또는 회계부정 행위로 가업상속공제 배제 사유에 해당하는지 여부

2. 제3자와의 분쟁시 가업상속공제 신청서류 제출기한

가업상속을 받은 상속인이 피상속인 또는 상속인과 그 외의 제3자와의 분쟁으로 인한 상속회복청구소송 또는 유류분반환청구소송이 있어 가업상속에 해당함을 증명하기 위한 서류를 상속세 과세표준신고기한까지 제출하지 못한 경우에는 그 확정판결이 있는 날부터 6개월 이내에 해당 서류를 제출한 경우에는 가업상속공제를 적용받을 수 있다(기획재정부 재산세제과-1175, 2022.09.20.).

제1절 가업상속공제

[별지 제1호서식] (2023.3.20. 개정)

가업상속공제신고서

가. 가업현황

상 호(법인명)		사업자등록번호	
성 명(대표자)		주민등록번호	
개 업 연 월 일		업 종	
기 준 총 급 여 액		기준고용인원	

나. 중소기업 또는 중견기업 여부(해당되는 곳에 √표 기재)

중 소 기 업 여 부	[ ]해당 [ ]해당안됨	상장여부 (상장일)	[ ]상장(. .) [ ]비상장
중 견 기 업 여 부	[ ]해당 [ ]해당안됨	직전 3개 사업연도 평균 매출액	

다. 피상속인

성 명		주민등록번호	
가 업 영 위 기 간		대표이사(대표자) 재 직 기 간	
최 대 주 주 등 여 부		특수관계인포함 보유주식 등 지분율	

라. 가업상속인

성 명		주민등록번호	
가 업 종 사 기 간		임원/대표이사 취임일	
주 소		(☎)	

마. 가업상속 재산가액

종 류	수 량(면 적)	단 가	가 액	비 고

바. 가업상속공제 신고액: 원

「상속세 및 증여세법」 제18조의2제3항 및 같은 법 시행령 제15조제22항에 따라 가업상속공제신고서를 제출합니다.

년 월 일

신고인 (서명 또는 인)

세무서장 귀하

신고인 제출서류	1. 중소기업 등 기준검토표(「법인세법 시행규칙」 별지 제51호서식을 말합니다) 2. 가업상속재산이 주식 또는 출자지분인 경우에는 해당 주식 또는 출자지분을 발행한 법인의 상속개시일 현재와 직전 10년간의 사업연도의 주주현황 각 1부 3. 그 밖에 상속인이 해당 가업에 직접 종사한 사실을 입증할 수 있는 서류 1부	수수료 없음

작성방법

1. "가. 가업현황"에서 '업종'은 「상속세 및 증여세법 시행령」 별표에 따른 업종 중에서 해당 업종을 적습니다.
2. "가. 가업현황"에서 '기준총급여액'은 상속이 개시된 소득세 과세기간 또는 법인세 사업연도의 직전 2개 소득세 과세기간 또는 법인세 사업연도의 총급여액의 평균을 적습니다(최대주주 및 친족 등에게 지급한 임금은 제외하되, 가업상속공제 당시 기준고용인원에 최대주주 및 친족 등에 해당하는 인원만 있는 경우 이를 포함합니다).
3. "가. 가업현황"에서 '기준고용인원'은 상속이 개시된 소득세 과세기간 또는 법인세 사업연도의 직전 2개 소득세 과세기간 또는 법인세 사업연도의 정규직근로자 수의 평균을 적습니다.
4. "나. 중소기업 또는 중견기업 여부"에서 '중소기업'은 「조세특례제한법 시행령」 제2조제1항제1호 및 제3호의 요건을 모두 충족하고 자산총액이 5천억원 미만인 기업을 말합니다.
5. "나. 중소기업 또는 중견기업 여부"에서 '중견기업'은 「조세특례제한법 시행령」 제9조제4항제1호 및 제3호의 요건을 모두 충족하고 상속개시일의 직전 3개 소득세 과세기간 또는 법인세 사업연도의 매출액 평균금액이 5천억원 미만인 기업을 말합니다.
6. "마. 가업상속 재산가액"과 "바. 가업상속공제 신고액"은 별지 제1호서식 부표 1(가업상속재산명세서) 및 별지 제1호서식 부표2(가업용 자산 명세)를 작성한 후 해당 금액 등을 적습니다.

210mm×297mm[백상지 80g/㎡]

■ 상속세 및 증여세법 시행규칙 [별지 제1호서식 부표 1] 〈개정 2025.3. ..〉

가업상속재산명세서

※ 뒤쪽의 작성방법을 읽고 작성하시기 바랍니다. (앞쪽)

가. 「소득세법」을 적용받는 가업

구 분	자산종류	㉮ 금 액	㉯ 담보채무액	가업상속공제 대상금액(㉮-㉯)
가업상속 재산가액	토지			
	건축물			
	기계장치			
	기타			
	① 계			

나. 「법인세법」을 적용받는 가업

사업관련 자산가액 비율	② 상속개시일 현재 주식 등의 가액			
	③ 총자산가액			
	사업무관자산 가액	㉮ 「법인세법」 제55조의2 해당자산		
		㉯ 「법인세법 시행령」 제49조 해당자산 및 임대용부동산		
		㉰ 「법인세법 시행령」 제61조제1항제2호 해당자산		
		㉱ 과다보유현금		
		㉲ 영업활동과 직접 관련없이 보유하는 주식·채권 및 금융상품		
		④ 사업무관자산 가액 계		
	⑤ 사업관련 자산가액 (③ - ④)			
	⑥ 사업관련 자산가액 비율 (⑤ ÷ ③)			
⑦ 가업상속공제 대상금액 (② × ⑥)				

다. 한도액 계산

⑧ 가업영위기간	⑨ 가업상속공제 대상금액 (① 또는 ⑦)	⑩ 한도액	⑪ 가업상속공제액 (⑨와 ⑩ 중 적은 금액)
10년 이상 20년 미만		300억원	
20년 이상 30년 미만		400억원	
30년 이상		600억원	

라. 중견기업 적용 요건

구 분	금 액
㉮ 가업상속인의 가업상속재산 외의 상속재산의 가액(사전증여재산 포함)	
㉯ 가업상속인이 상속세로 납부할 금액(가업상속공제를 받지 아니하였을 경우를 가정하여 산정한 산출세액 중 가업상속인의 부담분) × 200%	
㉮ - ㉯ (해당 가액이 양수인 경우 가업상속공제 적용 배제)	

신고인 제출서류	1. 「소득세법」을 적용받는 가업의 경우, 가업에 직접 사용되는 사업용 자산 입증서류 2. 「법인세법」을 적용받는 가업의 경우, 주식평가내역 및 사업무관자산 가액을 확인할 수 있는 입증서류 (재무상태표 등)	수수료 없음

210mm×297mm[백상지 80g/㎡(재활용품)]

■ 상속세 및 증여세법 시행규칙 [별지 제1호서식 부표 2] 〈개정 2025.3. .〉

가업용 자산 명세

(단위 : 원)

일련번호	구분코드	소재지, 지목, 명칭 등	평가액

작성방법

1. 다음 구분에 따라 가업용 자산을 적습니다.
   - 「소득세법」을 적용받는 가업: 가업에 직접 사용되는 토지(「소득세법」 제104조의3에 따른 비사업용토지 제외), 건축물, 기계장치 등 사업용 자산
   - 「법인세법」을 적용받는 가업: 가업에 해당하는 법인의 사업에 직접 사용되는 사업용 고정자산(사업무관자산 제외)
2. 가업용 자산 명세는 별지 작성이 가능합니다.
3. 구분(코드)은 아래와 같습니다.

구분코드	①	②	③
설명	토지	건축물	기계장치 등

210mm×297mm[백상지 80g/㎡(재활용품)]

Ⅶ 가업상속공제 후 5년간 사후관리

1. 의의

가업상속공제는 피상속인이 영위하던 가업을 상속인이 승계하여 계속 영위할 수 있도록 지원하기 위한 공제이다. 상속세및증여세법에서는 상속인이 이러한 취지에 맞게 가업을 계속 영위하도록 하기 위하여 사후관리를 하고 있다.

또한 2019.02.12. 이후 합병·분할분부터 고용유지요건 판단시 가업상속 후 합병·분할시 고용유지 여부 판단기준을 신설하였고, 2019.12.31. 세법 개정시 기업이 경제환경변화에 탄력적으로 대응할 수 있도록 사후관리기간을 7년으로 단축하고 업종유지·자산유지·고용유지 요건을 완화하는 등 사후관리부담을 완화하여 가업상속공제 활용도를 제고하였다.

2022.12.31. 세법개정시 원활한 가업 승계를 지원하고 가업상속공제 제도의 활용도를 제고하고자 사후관리기간을 5년으로 단축 시키고 2023.01.01.현재 사후관리 중인 경우에도 개정 규정을 적용받을 수 있도록 사후관리기준을 대폭 완화하였다.

2. 2022.12.31.개정되어 2023.01.01.부터 적용되는 사후관리 규정 경과조치

(1) 2022.12.31. 이전 상속분에 대하여 개정된 사후관리규정 적용가능

2022.12.31.자로 개정된 상속세및증여세법 제18조의2 제5항(고용유지 등 사후관리규정) 및 제8항(조세포탈 또는 회계부정 행위시 가업상속공제 배제 규정)의 개정규정은 다음의 요건을 모두 충족하는 상속인, 즉, 사후관리를 받고 있는 상속인 및 2022.12.31. 이전에 상속이 개시된 경우로서 2023.01.01. 이후 가업상속공제를 받는 상속인에 대해서도 적용한다.

① 2022.12.31. 이전에 종전의 상속세및증여세법 제18조 제2항 제1호에 따른 가업상속공제를 받았을 것
② 2023.01.01. 당시 종전의 상속세및증여세법 제18조 제6항 각 호 외의 부분

전단(7년의 사후관리기간동안 사후관리규정 위반 등), 같은 항 제1호 마목(각 사업연도의 정규직 근로자 수 평균 또는 총급여액이 기준고용인원 또는 기준 총급여액의 80% 이상에 모두 해당하는 요건과 7년간 정규직 근로자 수 평균 또는 총급여액의 전체 평균액이 기준고용인원 또는 기준총급여액의 90% 이상 유지요건) 및 같은 조 제9항 각 호 외의 부분(상속개시일 전 10년 이내 또는 상속개시일부터 7년 이내의 기간 중의 징역형 또는 벌금형을 선고받고 그 형이 확정된 경우)에 따른 사후관리 기간이 경과하지 아니하였을 것

③ 2022.12.31. 이전에 종전의 상속세및증여세법 제18조 제6항(가업상속공제후 고용유지요건 등 사후관리 요건 위반) 및 같은 조 제9항 제2호(가업상속 공제를 받은 후에 상속인에 대한 조세포탈 또는 회계부정 행위에 따른 형이 확정되어 가업상속공제가 배제된 경우)에 따른 상속세 및 이자상당액이 부과되지 아니하였을 것

(2) 2022.12.31. 이전 가업용 자산의 처분으로 사후관리규정 위반한 경우에도 개정된 사후관리규정 적용가능

2022.12.31. 이전에 종전의 상속세및증여세법 제18조 제6항 제1호 가목 즉, "해당 가업용 자산의 100분의 20(상속개시일부터 5년 이내에는 100분의 10) 이상을 처분한 경우"에만 해당하여 가업용 자산의 처분비율을 고려하여 상속세 및 이자상당액을 부과받은 상속인에 대해서는 다음의 요건을 충족하는 경우에는 개정된 상속세 및 증여세법 제18조의2 제5항(고용유지 및 가업용자산 처분 등 사후관리규정) 및 제8항(조세포탈 또는 회계부정 행위시 가업상속공제 배제 규정)의 개정규정을 적용한다.

① 2022.12.31. 이전에 종전의 상속세및증여세법 제18조 제2항 제1호에 따른 가업상속공제를 받았을 것

② 2023.01.01. 당시 종전의 상속세및증여세법 제18조 제6항 각 호 외의 부분 전단(7년의 사후관리기간동안 사후관리규정 위반 등), 같은 항 제1호 마목(각 사업연도의 정규직 근로자 수 평균 또는 총급여액이 기준고용인원 또는 기준 총급여액의 80% 이상에 모두 해당하는 요건과 7년간 정규직 근로자 수 평균

또는 총급여액의 전체 평균액이 기준고용인원 또는 기준총급여액의 90% 이상 유지요건) 및 같은 조 제9항 각 호 외의 부분(상속개시일 전 10년 이내 또는 상속개시일부터 7년 이내의 기간 중의 징역형 또는 벌금형을 선고받고 그 형이 확정된 경우)에 따른 사후관리 기간이 경과하지 아니하였을 것

(3) 2022.12.31. 이전 상속이 개시된 상속인에게 종전 고용유지요건 적용이 유리한 경우 종전 고용유지요건 적용가능

상기 (1), (2)에도 불구하고 종전의 상속세및증여세법 제18조 제6항 제1호 마목(각 사업연도의 정규직 근로자 수 평균 또는 총급여액이 기준고용인원 또는 기준총급여액의 80% 이상에 모두 해당하는 요건과 7년간 정규직 근로자 수 평균 또는 총급여액의 전체 평균액이 기준고용인원 또는 기준총급여액의 90% 이상 유지요건)을 적용하는 것이 상속세 및 증여세법 제18조의2 제5항 제4호(5년간 정규직 근로자 수 평균 또는 총급여액의 전체 평균액이 기준고용인원 또는 기준총급여액의 90% 이상 유지요건)의 개정규정을 적용하는 것보다 사후관리를 받고 있는 상속인에게 유리한 경우에는 종전의 제18조 제6항 제1호 마목(각 사업연도의 정규직 근로자 수 평균 또는 총급여액이 기준고용인원 또는 기준총급여액의 80% 이상에 모두 해당하는 요건과 7년간 정규직 근로자 수 평균 또는 총급여액의 전체 평균액이 기준고용인원 또는 기준총급여액의 90% 이상 유지요건)을 적용한다.

☞ 사후관리기간 계산

- 2023.01.01.에 상속이 개시되어 가업상속공제를 적용받은 경우 사후관리 기간 종료일은?

〈해설〉
2024.01.01.개정된 세법이 적용되어 사후관리기간은 5년이며, 2027.12.31. 사후관리기간이 종료된다.

3. 구체적인 사후관리규정 및 사후관리요건 위반시 상속세 추징

가업상속공제를 받은 상속인이 상속개시일부터 5년 이내에 정당한 사유 없이 아래의 (1), (2), (3), (4), (5)의 어느 하나에 해당하게 되면 공제받은 금액에 해당 가업용 자산의 처분 비율("(1)"에 해당하는 경우만 적용된다)과 해당일까지의 기간을 고려하여 대통령령으로 정하는 율을 곱하여 계산한 금액을 상속개시 당시의 상속세 과세가액에 산입하여 상속세를 부과한다(상증법 §18의2 ⑤). (4), (5)의 고용유지의무 사후관리규정이 신설되기 전에 상속이 개시된 경우 (4), (5)의 고용유지의무 사후관리규정 적용 않는다(재재산-450, 2017.07.20.).

이와 함께 2019.01.01 이후 자산을 처분하는 분부터 공제금액 전액에 자산처분비율과 기간별 추징율을 곱하여 계산한 금액을 상속개시 당시의 상속세 과세가액에 산입하여 상속세를 산출하고 이에 대해 이자상당액을 가산하여 상속세를 부과한다(상증령 §15 ⑮).

┃ 사후관리기간 개정연혁 ┃

적용시기	사후관리 기간
2019년 이전 상속분	10년
2020.01.01. 이후 상속분	7년
2023.01.01. 이후 상속분 (2023.01.01.현재 사후관리 중인 경우에도 적용가능)	5년

(1) 해당 가업용 자산의 40% 이상을 처분한 경우

(가) 가업용 자산을 40% 이상 처분시 상속세 추징

가업용 자산을 처분하는 분부터 상속개시일로부터 5년 이내에 해당 가업용 자산의 100분의 40 이상을 처분한 경우에는 해당 가업용 자산처분비율과 해당일까지의 기간을 고려하여 대통령령으로 정하는 율을 곱하여 계산한 금액을 상속개시 당시의 상속세 과세가액에 산입하여 상속세를 부과한다(상증법 §18의2 ⑤) 동 개정 규정은 2023.01.01.현재 일정한 요건 충족시 2022년 이전 상속분도 적용된다.

(나) '가업용 자산'의 범위

상기에서 "가업용 자산"이라 함은 다음의 자산을 말한다(상증령 §15 ⑨).
① 소득세법의 적용을 받는 가업의 경우 : 가업에 직접 사용되는 토지, 건축물, 기계장치 등 사업용 자산
② 법인세법의 적용을 받는 가업의 경우 : 가업에 해당하는 법인의 사업에 직접 사용되는 사업용 고정자산(사업무관자산을 제외한다)

(다) 처분율 계산

가업용 자산의 처분비율은 ①의 가액에서 ②의 가액이 차지하는 자산처분비율로 계산한다. 이 경우 가업용 자산의 100분의 40 이상을 처분한 경우에 해당하여 상속세를 부과한 후 재차 같은 사유에 해당하여 상속세를 부과하는 경우에는 종전에 처분한 자산의 가액을 제외하고 계산한다(상증령 §15 ⑩).
① 상속개시일 현재 상속세및증여세법 시행령 제15조 제9항[11])에 따른 가업용 자산의 가액
② 가업용 자산중 처분(사업에 사용하지 않고 임대하는 경우를 포함한다)한 자산의 상속개시일 현재의 가액

> ▶ 가업용자산의 처분비율(40%) 계산방법
> [②/①] ≥ 5년내 40%
> ① 상속개시일 현재 사업용고정자산의 가액
> ② 처분(임대) 자산의 상속개시일 현재 가액

가업용 자산인 토지 위에 건물을 신축하여 그 일부를 임대하는 경우 건물 신축에 사용된 면적의 상속개시일 현재 토지의 가액에 신축건물의 연면적에서 임대면적이 차지하는 비율을 곱하여 계산한 금액을 가업용 자산 중 처분한 자산의 상속개시일 현재의 가액으로 보아 처분비율을 계산한다(재산-163, 2011.03.30.).

---

11) ① 소득세법을 적용받는 가업: 가업에 직접 사용되는 토지, 건축물, 기계장치 등 사업용 자산,
② 법인세법을 적용받는 가업: 가업에 해당하는 법인의 사업에 직접 사용되는 사업용 고정자산(사업무관자산은 제외한다)

(라) 처분의 의미

가업용 자산의 처분이란 양도 뿐만 아니라 사업에 사용하지 않고 임대하는 경우를 포함한다. 또한 증여도 처분에 해당한다(조심2014서2390, 2014.10.17.)

┃가업용 자산의 처분에 대한 사후관리 규정 개정연혁┃

적용시기	가업용 자산의 처분비율
2019년 이전 상속분	5년 이내 10%, 10년 이내 20% 이상
2019~2022년	5년 이내 10%, 7년 이내 20% 이상
2023.01.01.이후 상속분 (2023.01.01.현재 사후관리기간 중인 경우에도 적용가능)	5년 이내 40% 이상

사례 4 　자산처분비율 및 상속세 과세가액 산입금액 계산

기본사항
- 상속개시일 현재(2025.06.01.) 사업용 고정자산의 가액 : 5,000
  토지 : 2,950, 건물 1,000, A기계 500, B기계 300, C기계 250
- 가업상속공제액 : 2,000

질 의

해 설
① 2026.08.10. 기계장치 B를 처분 : 300 / 5,000 = 6%
　⇒ 5년내 40% 미만이므로 사후관리 요건 충족
② 2027.09.11. 기계장치 A를 처분 : (300 + 500) / 5,000 = 16%
　⇒ 5년 이내 40% 미만이므로 사후관리 요건 충족
③ 2028.02.01. 건물 기계장치 C 처분 : (300 + 500 + 1,000 + 250) / 5,000 = 41%
　⇒ 40% 이상 이므로 사후관리 요건 위반에 해당함.
　⇒ 상속세 과세가액 산입금액 : 2,000×41% = 820

(2) 해당 상속인이 가업에 종사하지 않게 된 경우

(가) 가업에 종사하지 아니하게 된 경우의 범위

해당 상속인이 다음의 어느 하나에 해당하는 경우는 해당 상속인이 가업에 종사하지 않게 된 것으로 본다(상증령 §15 ⑪). 아래 ②의 경우 2020.02.11. 전에 상속개시되어 사후관리를 받고 있는 상속인에 대하여도 적용한다.

① 상속인(상속세및증여세법 시행령 제15조 제3항 제2호 후단에 해당하는 경우[12]에는 상속인의 배우자)이 대표이사 등으로 종사하지 아니하는 경우

② 가업의 주된 업종을 변경하는 경우. 다만, 다음의 어느 하나에 해당하는 경우는 제외한다.
  ⓐ 한국표준산업분류에 따른 대분류(2024.02.29.전은 중분류) 내에서 업종을 변경하는 경우(별표에 따른 업종으로 변경하는 경우로 한정한다). 다만, 2024.2.29.전에 가업의 주된 업종을 변경한 경우에 대한 가업 종사 여부의 판단에 관하여는 동 개정규정에도 불구하고 종전의 규정에 따른다.
  ⓑ ⓐ 외의 경우로서 상속세및증여세법 시행령 제49조의2에 따른 평가심의위원회에서 기존 기술 등의 활용 가능성 및 기존 고용인력의 승계 가능성 등을 고려하여 업종의 변경을 승인하는 경우.

③ 당해 가업을 1년 이상 휴업(실적이 없는 경우를 포함한다)하거나 폐업하는 경우

그 동안 한국표준산업분류에 따른 소분류 내에서 업종을 변경하는 경우로서 상속개시일 현재 영위하고 있는 업종(한국표준산업분류에 따른 세분류 업종을 말한다)의 매출액이 사업연도 종료일을 기준으로 30% 이상인 경우는 제외하였으나 2020.02.11. 이후에는 중분류 내에서, 2024.02.29. 이후에는 대분류 내에서 업종 변경도 가능하게 하며, 가업상속받은 기업이 기회발전특구로 이전하는 경우에는 한국표준산업분류에 따른 구분에 관계 없이 별표에 따른 업종으로 변경할 수 있다. 이 경우 둘 이상의 독립된 기업을 가업상속받은 경우에는 개별 기업별로 적용 여부를 판단한다(상증령 §15 (25)).

---

[12] 상속인의 배우자가 대표이사로 취임하는 등 가업에 종사한 경우를 말한다.

▌업종변경 개정연혁 ▌

적용시기	개정내용
2014.02.20. 이전	한국표준산업 분류상 세세분류내 업종변경 허용
2014.02.21. 이 속하는 사업연도부터	한국표준산업 분류상 세분류내 업종변경 허용
2016.02.05. 이 속하는 사업연도부터	한국표준산업 분류상 소분류내 업종변경 허용 상속개시일 현재 영위하고 있는 업종(세분류 기준)의 매출액이 사업연도 종료일을 기준으로 30% 이상
2020.02.11. 이 속하는 사업연도부터	① 한국표준산업 분류상 중분류내 업종변경 허용 ② ①외의경우로서 평가심의위원회에서 승인하는 경우
2024.02.29. 이후 업종변경부터	한국표준산업 분류상 대분류내 업종변경 허용

(나) 대분류 외의 업종변경시 평가심의위원회 자문신청 방법

가업상속공제 후 대분류 외의 업종으로 변경하고자 하는 경우 평가심의위원회의 심의를 거쳐 승인이 되어야 한다. 평가심의위원회가 심의를 할 경우에는 기존 기술 등의 활용 가능성 및 기존 고용인력의 승계 가능성을 고려해야 한다. 납세자가 업종변경에 대한 승인 심의를 업종변경일 전에 신청하고자 하는 경우에는 업종 변경일이 속하는 사업연도의 직전사업연도(귀속연도) 종료일부터 4개월 이내, 업종변경일 후에 신청하고자 하는 경우에는 업종변경일이 속하는 사업연도(귀속연도) 종료일부터 4개월 이내에 다음의 서류를 첨부하여 납세지 관할 지방국세청장(성실납세지원국장)에게 신청하여야 한다(훈령 §27).

① 업종변경 승인 신청서 (별지 제14호 서식)
② 업종변경 승인 검토서 (별지 제14호 부표1 서식)
③ ① 및 ②의 규정에 따른 서식의 기재내용을 증명할 수 있는 근거서류

국세청평가심의위원회는 상정된 심의안건에 대하여 다음의 내용을 고려하여 업종변경승인 여부를 심의하여야 한다(훈령 §29).

① 업종변경 전 기존 기술 등의 활용 가능성
② 업종변경 전 기존 고용인력의 승계 가능성
③ 그 밖의 업종변경 승인 심의에 필요한 사항

국세청평가심의위원회는 제26조에 해당하는 사항에 관하여 제1항에 따라 결정

된 심의결과를 심의 신청기한으로부터 2개월 이내에 "업종변경 승인에 대한 심의 평가결과 통지"(별지 제15호 서식)를 서면으로 통지하여야 한다. 다만, 제출된 서류의 기재내용이 허위인 것으로 확인되는 경우 제2항에 따른 결과통지는 효력이 상실된 것으로 본다.

(3) 주식 등을 상속받은 상속인의 지분이 감소된 경우

"상속인의 지분이 감소된 경우"란 다음의 어느 하나에 해당하는 경우를 포함한다(상증령 §15 ⑫).

① 상속인이 상속받은 주식 등을 처분하는 경우. 이 경우 가업상속공제를 받은 주식을 자녀들에게 증여하는 것도 포함된다(조심2014서2390, 2014.10.17.).
② 해당 법인이 유상증자 할 때 상속인의 실권 등으로 지분율이 감소되는 경우
③ 상속인의 특수관계인이 처분하거나 유상증자 할 때 실권 등으로 인하여 상속인이 최대주주 등에 해당되지 아니하게 되는 경우

다만, 상속인이 상속받은 주식 등을 상속세및증여세법 제73조에 따라 물납(物納)하여 지분이 감소한 경우는 제외하되, 이 경우에도 상속인은 상속세및증여세법 시행령 제22조 제2항의 규정에 따른 최대주주나 최대출자자에 해당하여야 한다. 상속인의 지분이 감소 여부 판단 시 주식발행법인이 보유하는 자기주식은 발행주식총수에서 제외한다(서면법규-763, 2014.07.18.).

(4) 고용유지요건을 위반한 경우

(가) 의의 및 적용시기

기업이 경제환경변화에 탄력적으로 대응할 수 있도록 사후관리부담을 완화하여 기업상속공제 활용도를 제고하기 위하여 고용유지의 요건에 대해 매년 조금씩 개정해 왔다.

2019년 이전에는 고용인원을 기준으로 하였으나 2019.12.31. 세법개정시 급여총액기준을 추가하였다.

2022.12.31. 세법개정시 가업상속공제 제도의 활용도를 제고하고자 2023.01.01.

이후 상속분부터 매 사업연도마다 기준고용인원 또는 기준총급여액의 80% 이상 유지요건을 삭제하고, 5년간 통산 90% 이상 고용유지 하도록 완화하였다. 동 개정규정은 2023.01.01.현재 사후관리 중인 경우에도 개정규정이 유리한 경우에 한하여 적용가능하다.

(나) 5년간 정규직근로자의 수의 전체평균 또는 총급여액의 전체 평균이 기준고용인원 또는 기준총급여액의 90%에 모두 미달하는 경우

다음 모두에 해당하는 경우에는 상속세가 추징이 된다.
① 상속개시일부터 5년간 정규직 근로자수의 전체 평균이 상속개시일이 속하는 소득세 과세기간 또는 법인세 사업연도의 직전 2개 소득세 과세기간 또는 법인세 사업연도의 정규직근로자 수의 평균의 100분의 90에 미달하는 경우. 이 경우 정규직 근로자 수의 평균은 상속개시일부터 5년이 되는 날까지의 매월 말일 현재 정규직 근로자 수의 평균으로 한다(상증령 §15 ⑰).
② 상속개시일부터 5년간 총급여액의 전체 평균이 상속개시일이 속하는 소득세 과세기간 또는 법인세 사업연도의 직전 2개 소득세 과세기간 또는 법인세 사업연도의 총급여액의 평균의 100분의 90에 미달하는 경우

상속개시 전부터 가업기업에서 정규직 근로자로 근무한 가업상속인은 가업상속공제 기준고용인원 계산시 포함되나 기준총급여액 계산시에는 제외되며, 정규직근로자수의 평균을 계산시에는 가업기업의 대표자가 된 날이 속하는 월부터 정규직근로자수에 포함되지 않는 것이다(서면-2022-법규재산-0547, 2023.03.15.).

(다) 기준고용인원 및 기준총급여액의 의미

'기준고용인원'이란 상속개시일이 속하는 소득세 과세기간 또는 법인세 사업연도의 직전 2개 소득세 과세기간 또는 법인세 사업연도의 정규직근로자 수의 평균을 말한다.

'기준총급여액'이란 상속개시일이 속하는 소득세 과세기간 또는 법인세 사업연도의 직전 2개 소득세 과세기간 또는 법인세 사업연도의 총급여액의 평균을 말한다.

(라) 정규직 근로자의 의미

상기에서 "대통령령으로 정하는 정규직 근로자"란 근로기준법에 따라 계약을 체결한 근로자를 말한다. 다만, 다음의 어느 하나에 해당하는 사람은 제외한다(상증령 §15 ⑬). 동 개정규정은 2020.01.01. 이후 가업상속공제를 받는 분부터 적용한다.

① 근로계약기간이 1년 미만인 근로자(근로계약의 연속된 갱신으로 인하여 그 근로계약의 총 기간이 1년 이상인 근로자는 제외한다)

② 근로기준법 제2조 제1항 제9호에 따른 단시간근로자로서 1개월간의 소정근로시간이 60시간 미만인 근로자

③ 소득세법 시행령 제196조에 따른 근로소득원천징수부에 따라 근로소득세를 원천징수한 사실이 확인되지 않고, 다음 각 목의 어느 하나에 해당하는 금액의 납부사실도 확인되지 않는 자

　ⓐ 국민연금법 제3조 제1항 제11호 및 제12호에 따른 부담금 및 기여금
　ⓑ 국민건강보험법 제69조에 따른 직장가입자의 보험료

(마) 총급여액의 계산

상기에서 "대통령령으로 정하는 총급여액"이란 정규직 근로자에게 지급한 아래와 같이 소득세법 제20조 제1항 제1호 및 제2호에 따른 소득의 합계액을 말한다. 다만, 정규직 근로자에는 조세특례제한법 시행령 제26조의4 제2항 제3호에 해당하는 경우 즉, 해당 기업의 최대주주 또는 최대출자자(개인사업자의 경우에는 대표자를 말한다) 및 그와 국세기본법 시행령 제1조의2 제1항에 따른 친족관계인 근로자를 제외하되, 상속세및증여세법 제18조의2 제1항의 가업상속공제 당시 기준고용인원에 조세특례제한법 시행령 제26조의4 제2항 제3호에 해당되는 인원만 있을 경우에는 이를 포함한다(상증령 §15 ⑭).

① 근로를 제공함으로써 받는 봉급·급료·보수·세비·임금·상여·수당과 이와 유사한 성질의 급여

② 법인의 주주총회·사원총회 또는 이에 준하는 의결기관의 결의에 따라 상여로 받는 소득

상기에서 해당 기업의 "최대주주 또는 최대출자자"란 다음의 어느 하나에 해당하는 자를 말한다.
ⓐ 해당 법인에 대한 직접보유비율[보유하고 있는 법인의 주식등을 그 법인의 발행주식총수 또는 출자총액(자기주식과 자기출자지분은 제외한다)으로 나눈 비율을 말한다 가장 높은 자가 개인인 경우에는 그 개인
ⓑ 해당 법인에 대한 직접보유비율이 가장 높은 자가 법인인 경우에는 해당 법인에 대한 직접보유비율과 국제조세조정에 관한 법률 시행령 제2조 제3항을 준용하여 계산한 간접소유비율을 합하여 계산한 비율이 가장 높은 개인

사례 5 | 정규직 근로자수 계산방법

기본사항
- 갑이 2025.02.01.에 사망하여 상속이 개시되었으며 갑이 영위하던 을법인의 주식에 대하여 가업상속공제를 적용받음
- 직전 2개 사업연도 정규직 근로자수는 100명이며, 상속개시후 근로자 수 현황은 다음과 같음

연도	1월	2월	3월	4월	5월	6월	7월	8월	9월	10월	11월	12월
2025		100	99	98	97	96	95	94	93	92	91	90
2026	89	88	87	86	85	84	83	82	81	80	81	82
2027	83	84	85	86	87	88	89	90	91	92	93	94
2028	95	96	97	98	99	100	99	98	97	96	95	94
2029	93	92	91	90	89	88	87	86	85	84	83	82
2030	81											

질의 정규직 근로자수 계산방법?

해설
- 5,410 ÷ 60개월 = 90.16명
- 상속개시일부터 5년간 정규직 근로자수의 전체 평균은 90.16명이되므로 90% 이상에 해당하므로 사후관리 위반에 해당되지 않는다.

(바) 분할·합병에 따른 근로자 수의 산정

상속세 및 증여세법 제18조의2 제5항 제4호 가목 및 나목과 같이 5년간 정규직 근로자의 수의 전체평균과 총급여액의 전체 평균이 기준고용인원 또는 기준총급여액의 90%에 미달하는 경우에는 가업상속공제 사후관리에 위반된다. 합병·분할의

경우에 대한 가업상속공제의 사후관리를 합리화하기 위하여 정규직 근로자 수 및 총급여액은 다음과 같이 계산한다(상증령 §15 ⑱). 동 규정은 2019.02.12. 이후 합병·분할하는 분부터 적용한다.

① 분할하는 경우 : 분할에 따라 가업에 해당하는 법인의 정규직 근로자의 일부가 다른 법인으로 승계되어 근무하는 경우 그 정규직 근로자는 분할 후에도 가업에 해당하는 법인의 정규직근로자로 본다.

② 합병하는 경우 : 합병에 따라 다른 법인의 정규직 근로자가 가업에 해당하는 법인에 승계되어 근무하는 경우 그 정규직 근로자는 상속이 개시되기 전부터 가업에 해당하는 법인의 정규직 근로자였던 것으로 본다. 반면, 가업상속공제를 적용받은 가업법인이 사후관리기간 중에 다른 법인에 흡수합병되는 경우 고용유지의무 사후관리를 적용함에 있어 정규직 근로자 수는 동 합병 이후 가업법인의 사업부문(사업장)에 속하는 정규직 근로자를 기준으로 산정한다(서면-2019-법령해석재산-2133, 2020.05.21.).

(사) 각 사업연도의 정규직 근로자 수 평균 또는 총급여액이 기준고용인원 또는 기준 총급여액의 80%에 모두 미달하는 경우(2022년 이전 상속분에 한함)

1) 각 사업연도의 정규직근로자의 수의 평균이 기준고용인원의 80%에 미달하는 경우

각 소득세 과세기간 또는 법인세 사업연도의 "대통령령으로 정하는 정규직 근로자 수"의 평균(이하 정규직 근로자라 한다)이 상속이 개시된 소득세 과세기간 또는 법인세 사업연도의 직전 2개 소득세 과세기간 또는 법인세 사업연도의 정규직근로자 수의 평균(기준고용인원)의 100분의 80에 미달하는 경우를 말한다. 여기서 정규직 근로자 수의 평균은 각 소득세 과세기간 또는 법인세 사업연도의 매월 말일 현재의 정규직 근로자 수를 합하여 해당 소득세 과세기간 또는 법인세 사업연도의 월수로 나누어 계산한다(상증령 §15 ⑰). '정규직근로자 수'에는 상속개시 전부터 가업기업에서 정규직 근로자로 근무한 가업상속인도 포함한다(법령해석재산-5690, 2019.06.18.).

이 매년도 고용유지의무 규정은 2014.01.01 이후 개시하는 과세기간 또는 사업연도 분부터 적용한다(기획재정부 재산세제과-247, 2017.03.27.).

2) 각 사업연도의 총급여액이 기준총급여액의 80%에 미달하는 경우

각 소득세 과세기간 또는 법인세 사업연도의 "대통령령으로 정하는 총급여액"이

상속이 개시된 소득세 과세기간 또는 법인세 사업연도의 직전 2개 소득세 과세기간 또는 법인세 사업연도의 총급여액의 평균(이하 "기준총급여액"이라 한다)의 100분의 80에 미달하는 경우를 말한다.

(아) 2019년 이전 상속분에 대한 개정 정규직 근로자의 범위 적용여부

2019년 이전에 정규직 근로자란 통계법 제17조에 따라 통계청장이 지정하여 고시하는 경제활동인구조사의 정규직 근로자를 말한다. 하지만 2020.01.01. 이후 가업상속공제를 받는 분부터 정규직 근로자란 근로기준법에 따라 계약을 체결한 근로자를 말한다. 이 정규직 근로자의 범위에 대한 개정규정은 다음의 요건을 모두 충족하는 상속인은 비록 2019년 이전 사업연도에도 적용받을 수 있다(2019.12.31. 법률 제16846호 부칙§3)

① 2019.12.31. 이전에 가업상속공제를 받았을 것
② 2020.01.01. 당시 종전의 상속세및증여세법 제18조 제6항 각 호 외의 부분 전단 및 같은 항 제1호 마목에 따른 사후관리 기간이 경과하지 아니하였을 것
③ 2019.12.31. 이전에 상속세및증여세법 제18조 제6항에 따른 상속세 및 이자상당액이 부과되지 아니하였을 것

┃ 정규직 근로자 고용 사후관리 요건 개정연혁 ┃

적용시기	정규직 근로자 고용 사후관리 요건
2011년~2013년 (중소기업 : 2012~2013)	• 상속이 개시된 사업연도 말부터 10년간 각 사업연도 말 기준 정규직 근로자수의 평균이 상속이 개시된 사업연도의 직전 사업연도 말 정규직 근로자 수의 100분의 100(중견기업은 100분의 120)에 미달하는 경우 • 기준연도 : 상속개시 직전 사업연도 말
2014.01.01. 개시되는 사업연도분부터	• 각 사업연도의 정규직 근로자 수의 평균이 기준고용인원의 100분의 80에 미달하는 경우. • 상속이 개시된 사업연도말부터 10년간 정규직 근로자 수의 전체 평균이 기준고용인원의 100분의 100(중견기업은 120)에 미달하는 경우 • 기준연도: 상속개시 전 2개 사업연도 평균
2019.02.12. 이후	• 가업상속후 합병·분할시 고용유지 여부 판단기준 신설

적용시기	정규직 근로자 고용 사후관리 요건
2020.01.01. 개시되는 사업연도부터	· 각 사업연도의 정규직 근로자 수의 평균 또는 급여총액이 기준고용인원 또는 급여총액의 100분의 80에 미달하는 경우. · 상속이 개시된 사업연도말부터 7년간 정규직 근로자 수의 전체 평균 또는 총급여액의 전체평균액이 기준고용인원 또는 총급여액의 전체 평균액의 100분의 100에 미달하는 경우
2023.01.01. 이후 상속분	· 상속이 개시된 사업연도말부터 5년간 정규직 근로자 수의 전체 평균또는 총급여액의 전체평균액이 기준고용인원 또는 총급여액의 전체 평균액의 100분의 90에 미달하는 경우 ☞ 2023.01.01.현재 사후관리기간 중인 경우에도 유리한 경우에는 개정 규정 적용가능)

4. 기회발전특구로 이전등을 하는 경우 가업상속공제 사후관리기준 요건 완화

(1) 의의

지역균형발전을 지원하기 위해 상속인이 가업 상속받은 기업의 사업장 전부를 기회발전특구로 이전하거나 사업장 전부가 기회발전특구에 소재한 기업을 가업상속받은 경우에는 상속세과세표준 신고기한부터 2년 이내에 대표이사등으로 취임하지 않아도 되는 등 기회발전특구에 소재한 기업의 가업상속공제 사후관리기준을 완화하였으며, 동 개정규정은 2024.02.29.이후 상속이 개시되는 분부터 적용한다.

(2) 기회발전특구로 이전등을 하는 기업의 요건

가업상속받은 기업이 다음의 요건을 모두 갖춘 경우에는 사후관리기준 요건이 완화된다. 이 경우 둘 이상의 독립된 기업을 가업상속받은 경우에는 개별 기업별로 적용 여부를 판단한다(상증령 §15 ㉕).
① 다음의 어느 하나에 해당하는 경우
　ⓐ 본점 또는 주사무소를 조세특례제한법 제99조의4 제1항 제1호 가목 1)부터 5)까지 외의 부분에 따른 기회발전특구로 이전한 경우
　ⓑ 본사가 기회발전특구에 소재하는 경우

② 기회발전특구에 소재하는 본사 및 그 밖의 사업장에서 해당 기업의 업무에 종사하는 상시 근무인원(조세특례제한법 시행령 제60조의2 제7항에 따른 상시 근무인원을 말한다)의 연평균 인원(매월 말 현재의 인원을 합하고 이를 해당 개월 수로 나누어 계산한 인원을 말한다)이 해당 기업의 업무에 종사하는 전체 상시 근무인원의 연평균 인원의 100분의 50 이상인 경우

(3) 사후관리기준 요건 완화내용

가업상속을 받은 기업으로서 기회발전특구로 이전하는 기업에 대해서는 사후관리에서 다음과 같은 예외를 인정한다.

① 사후관리 요건에서 상속인이 상속세과세표준 신고기한부터 2년 이내에 대표이사등으로 취임하는 요건과 상속인(상속인의 배우자가 가업을 영위하는 경우에는 상속인의 배우자)이 대표이사등으로 5년 이상 종사해야 하는 요건을 적용하지 않으며,

② 가업의 주된 업종을 변경하는 경우에도 불구하고 한국표준산업분류에 따른 구분에 관계 없이 별표에 따른 업종으로 변경할 수 있다. 이 경우 둘 이상의 독립된 기업을 가업상속받은 경우에는 개별 기업별로 적용 여부를 판단한다.

(4) 기회발전특구의 범위

조세특례제한법 제99조의4 제1항 제1호 가목 1) 부터 5)까지 외의 부분에 따른 기회발전특구지역을 말한다. 즉, 지방자치분권 및 지역균형발전에 관한 특별법 제2조 제13호에 따른 기회발전특구(개인 또는 법인의 대규모 투자를 유치하기 위하여 관계 중앙행정기관과 지방자치단체의 지원이 필요한 곳으로 같은법 제23조에 따라 지정·고시되는 지역을 말한다)에 소재하거나 지방자치법 제3조 제3항 및 제4항에 따른 읍·면 또는 인구 규모 등을 고려하여 대통령령으로 정하는 동에 소재해야 한다.

다만, 다음의 어느 하나에 해당하는 지역은 제외한다.

① 지방자치분권 및 지역균형발전에 관한 특별법 제2조 제12호에 따른 인구감소지역, 접경지역 지원 특별법 제2조 제1호에 따른 접경지역이 아닌 수도권과밀억제권역 안의 기회발전특구

② 수도권지역. 다만, 접경지역 지원 특별법 제2조에 따른 접경지역 중 부동산가격동향 등을 고려하여 대통령령으로 정하는 지역은 제외한다.
③ 국토의 계획 및 이용에 관한 법률 제6조에 따른 도시지역. 다만, 지방자치분권 및 지역균형발전에 관한 특별법 제2조 제12호에 따른 인구감소지역 중 부동산 가격동향 등을 고려하여 대통령령으로 정하는 지역은 제외한다.
④ 주택법 제63조의2에 따른 조정대상지역
⑤ 부동산 거래신고 등에 관한 법률 제10조에 따른 허가구역
⑥ 그 밖에 관광단지 등 부동산가격안정이 필요하다고 인정되어 대통령령으로 정하는 지역

5. 사후관리요건 위반에 정당한 사유가 있는 경우 상속세 추징 제외

가업상속공제를 받은 상속인이 상속개시일부터 5년(2020~2022년 상속분 7년, 2019년 이전 상속분은 10년) 이내에 해당 가업용 자산의 40% 이상을 처분하거나 해당 상속인이 가업에 종사하지 않게 되거나 또는 주식 등을 상속받은 상속인의 지분이 감소된 것에 대하여 아래의 (1), (2), (3)의 구분에 따른 정당한 사유가 있는 경우에는 상속세가 추징되지 아니한다(상증령 §15 ⑧). 가업상속의 사후관리기간의 계산에 있어 정당한 사유로 직접 가업에 종사하지 못하게 된 기간은 제외한다(상증통칙 18의2-15…1).

(1) 해당 가업용 자산의 40%이상 처분한 것에 정당한 사유가 있는 경우

여기서 정당한 사유라 함은 다음의 어느 하나에 해당하는 경우를 말하며, ⑥과 ⑦은 2020.02.11. 전에 상속이 개시되어 사후관리를 받고 있는 상속인에 대하여도 적용된다(상증령 §15 ⑧).

① 가업용 자산이 공익사업을 위한 토지 등의 취득 및 보상에 관한 법률 그 밖의 법률에 따라 수용 또는 협의 매수되거나 국가 또는 지방자치단체에 양도되거나 시설의 개체(改替), 사업장 이전 등으로 처분되는 경우. 다만, 처분자산과 같은 종류의 자산을 대체 취득하여 가업에 계속 사용하는 경우에 한하며, 이 경우 "처분자산과 같은 종류의 자산을 대체 취득하여 가업에 계속 사용하는 경

우"는 처분 즉시 처분자산 양도가액 이상의 금액에 상당하는 같은 종류의 자산을 취득하여 가업에 계속 사용하는 경우를 말한다(서면-2019-상속증여-3357, 2020.04.21.).
② 가업용 자산을 국가 또는 지방자치단체에 증여하는 경우
③ 가업상속받은 상속인이 사망한 경우
④ 합병·분할, 통합, 개인사업의 법인전환 등 조직변경으로 인하여 자산의 소유권이 이전되는 경우. 다만, 조직변경 이전의 업종과 같은 업종을 영위하는 경우로서 이전된 가업용 자산을 그 사업에 계속 사용하는 경우에 한한다.
⑤ 내용연수가 지난 가업용 자산을 처분하는 경우
⑥ 상속세 및 증여세법 시행령 제15조 제11항 제2호에 따른 가업의 주된 업종 변경과 관련하여 자산을 처분하는 경우로서 변경된 업종을 가업으로 영위하기 위하여 자산을 대체취득하여 가업에 계속 사용하는 경우
⑦ 가업용 자산의 처분금액을 조세특례제한법 제10조에 따른 연구인력개발비로 사용하는 경우

(2) 상속인이 가업에 종사하지 않게 된 것에 정당한 사유가 있는 경우

여기서 정당한 사유라 함은 다음의 어느 하나에 해당하는 경우를 말한다.
① 가업상속받은 상속인이 사망한 경우
② 가업 상속받은 재산을 국가 또는 지방자치단체에 증여하는 경우
③ 상속인이 법률의 규정에 의한 병역의무의 이행, 질병의 요양, 취학상 형편 등으로 가업이나 영농에 직접 종사할 수 없는 사유가 있는 경우를 말한다. 다만, 그 부득이한 사유가 종료된 후 가업 또는 영농에 종사하지 아니하거나 가업상속 또는 영농상속받은 재산을 처분하는 경우를 제외한다.

(3) 주식 등을 상속받은 상속인의 지분이 감소된 것에 대하여 정당한 사유가 있는 경우

여기서 정당한 사유라 함은 다음의 어느 하나에 해당하는 경우를 말한다. ⑥과 ⑦은 2019.02.12. 이후 감자하거나 채무를 출자전환하는 경우부터 적용한다(상증령 §15 ⑧).

① 합병·분할 등 조직변경에 따라 주식등을 처분하는 경우. 다만, 상속인이 합병법인 또는 분할신설법인 등 조직변경에 다른 법인의 최대주주 등에 해당하는 경우에 한한다.
② 해당 법인의 사업확장 등에 따라 유상증자 할 때 상속인의 특수관계인 외의 자에게 주식 등을 배정함에 따라 상속인의 지분율이 낮아지는 경우. 다만, 상속인이 최대주주 등에 해당하는 경우에 한한다.
③ 상속인이 사망하는 경우. 다만, 사망한 자의 상속인이 원래 상속인의 지위를 승계하여 가업에 종사하는 경우에 한한다.
④ 주식 등을 국가 또는 지방자치단체에 증여하는 경우
⑤ 자본시장과 금융투자업에 관한 법률 제390조에 따른 상장규정을 충족하기 위해 지분이 감소되는 경우[13]. 다만, 상속인이 최대주주 등에 해당하는 경우에 한정한다.
⑥ 주주 또는 출자자의 주식 및 출자지분의 비율에 따라서 무상으로 균등하게 감자하는 경우
⑦ 채무자 회생 및 파산에 관한 법률에 따른 법원의 결정에 따라 무상으로 감자하거나 채무를 출자전환하는 경우

6. 사후관리위반으로 상속세 추징시 상속세 과세가액 산입금액

(1) 2023년 이후

(가) 상속세과세가액에 산입금액

가업상속공제를 받은 상속인이 상속개시일부터 5년 이내에 정당한 사유 없이 상속세및증여세법 제18조의2 제5항 각호의 어느 하나에 해당하면 가업상속공제금액에 100분의 100을 곱한 금액(가업용 자산의 100분의 40 이상을 처분한 경우에는 가업용 자산의 처분 비율을 추가로 곱한 금액을 말한다)을 상속개시 당시의 상속세 과세가액에 산입하여 상속세를 부과한다. 이 경우 아래 (나)와 같이 계산한 이자상당액을 그 부과하는 상속세에 가산한다. 2016년 이전에 가업상속받은 경우로서 2017년 이후에 사후관리위반으로 상속세를 부과할 때 2016.12.20. 개정된 상증법 규정에 따른 이자상당액 가산대상에 해당한다(서울고등법원2023누61075, 2024.04.25.)

---

[13] 2014.2.21.이 속하는 사업연도 분부터 적용한다

(나) 이자상당액의 계산

사후관리 위반에 따라 상속세 부과할 때 가산하는 ."이자상당액"은 ①의 금액에 ②의 기간과 ③의 율을 곱하여 계산한 금액을 말한다.

① 상속세및증여세법 제18조의2 제5항 각 호 외의 부분 전단에 따라 결정한 상속세액
② 당초 상속받은 가업상속재산에 대한 상속세 과세표준 신고기한의 다음날부터 상속세및증여세법 제18조의2 제5항 각 호 또는 같은 조 제8항 제2호의 사유가 발생한 날까지의 기간
③ 상속세및증여세법 제18조의2 제5항 각 호 외의 부분 전단 또는 같은 조 제8항 제2호에 따른 상속세의 부과 당시의 국세기본법 시행령 제43조의3 제2항 본문에 따른 이자율을 365로 나눈 율

$$\text{이자상당액} = \text{상속세} \times \text{적정이자율} \times \frac{\text{상속세 신고기한의 다음날부터 추징사유가 발생한 날까지의 시간}}{365}$$

(2) 2022년 이전

가업상속공제를 받은 상속인이 상속개시일부터 7년(2019.12.31. 이전 상속분은 10년) 이내에 정당한 사유 없이 가업재산을 처분하거나 가업에 종사하지 아니하는 등 상속세및증여세법 제18조 제6항 각호의 어느 하나에 해당하여 사후관리를 위반하게 되면 다음 (가)에 따른 기간을 기준으로 (2)의 기간별추징률을 곱하여 계산한 금액을 상속개시 당시의 상속세 과세가액에 산입하여 상속세를 부과하되, 2017년 상속분부터는 (다)에 따른 이자상당액을 가산하여 상속세를 부과한다(상증법 §18 ⑥, 상증령 §15 ⑬). 다만, 정당한 사유 없이 가업용 자산을 처분하여 사후관리를 위반하는 경우에는 자산처분비율에 기간별 추징율을 곱한 율로 적용한다. 자산처분비율을 계산할 때 법 제18조 제6항 제1호 가목에 해당하여 상속세를 부과한 후 재차 법 제18조 제6항 제1호 가목에 해당하여 상속세를 부과하는 경우 종전 자산에 처분한 자산의 가액을 제외하고 산정한다.[14]

---

14) 동 규정은 종전에 가업상속공제를 받아 2020.02.11 현재 사후관리중인 경우에도 적용된다.

(가) 다음 구분에 따른 기간

① 상속세및증여세법 제18조 제6항 제1호 가목·나목 또는 다목에 해당하는 경우 (가업재산처분, 가업에 미 종사, 상속지분이 감소되는 경우): 상속개시일부터 해당일까지의 기간

② 상속세및증여세법 제18조 제6항 제1호 라목에 해당하는 경우(각 사업연도의 정규직근로자의 수의 평균이 기준고용인원의 80%에 미달하는 경우): 상속이 개시된 소득세 과세기간 또는 법인세 사업연도의 말일부터 해당일까지의 기간

③ 상속세및증여세법 제18조 제6항 제1호 마목에 해당하는 경우(7년간 정규직 근로자 평균고용 비율 위반시): 상속이 개시된 소득세 과세기간 또는 법인세 사업연도의 말일부터 각 소득세 과세기간 또는 법인세 사업연도의 말일까지 각각 누적하여 계산한 정규직 근로자 수의 전체 평균 또는 같은 방식으로 계산한 총급여액의 전체 평균이 기준고용인원 이상 또는 기준총급여액 이상을 충족한 기간 중 가장 긴 기간

(나) 기간별 추징률

2020.01.01. ~ 2022.12.31.상속분		2019.12.31. 이전 상속분	
기간	율	기간	율
5년 미만	100분의 100	7년 미만	100분의 100
		7년 이상 8년 미만	100분의 90
5년 이상 7년 미만	100분의 80	8년 이상 9년 미만	100분의 80
		9년 이상 10년 미만	100분의 70

☞ 기간계산시 1년 미만의 기간은 1년으로 봄.

(다) 이자상당액의 계산

사후관리 위반에 따라 기간별 추징율을 곱하여 계산한 금액을 상속개시 당시의 상속세 과세가액에 산입하여 상속세를 산출하고 이에 대해 다음과 같이 이자상당액을 가산하여 상속세를 부과한다(상증령 §15 ⑯). "이자상당액"은 ①의 금액에 ②의 기간과 ③의 율을 곱하여 계산한 금액을 말하며, 이 규정은 2017.01.01. 이후 개시하는 소득세 과세기간 및 법인세 사업연도에 사후관리를 위반하는 분부터 적용한다.

① 상속세및증여세법 제18조 제6항 각 호 외의 부분 전단에 따라 결정한 상속세액
② 당초 상속받은 가업상속재산에 대한 상속세 과세표준 신고기한의 다음날부터 상속세및증여세법 제18조 제6항 각 호 또는 같은 조제9항 제2호의 사유가 발생한 날까지의 기간
③ 상속세및증여세법 제18조 제6항 각 호 외의 부분 전단 또는 같은 조 제9항 제2호에 따른 상속세의 부과 당시의 국세기본법 시행령 제43조의3 제2항 본문에 따른 이자율을 365로 나눈 율

$$이자상당액 = 상속세 \times 적정이자율 \times \frac{상속세\ 신고기한의\ 다음날부터\ 추징사유가\ 발생한\ 날까지의\ 시간}{365}$$

┃ 이자상당액 개정연혁 ┃

적용기간	이자율	적용기간	이자율
2017.03.15.~2018.03.18.	1.6%	2020.03.13.~2021.03.15	1.8%
2018.03.19.~2019.03.20.	1.8%	2021.03.16.~2023.03.19.	1.2%
2023.03.20.~2024.03.21.	2.9%	2024.03.22.~2025.03.20	3.5%
2025.03.21.~	3.1%		

7. 사후관리요건 위반시 추징 상속세의 자진신고 납부기한

상속세및증여세법 제18조의2 제5항에 따라 사후관리 위반 또는 같은조 제8항 제2호에 따라 가업상속공제를 받은 후에 상속인에 대한 형이 확정된 경우에 상속세 납부의무자는 상속인이 해당 사유에 해당하게 되는 날이 속하는 달의 말일부터 6개월 이내에 납세지관할세무서장에게 신고하고 해당 상속세와 이자상당액을 신고 및 자진납부해야 한다. 이 경우 상속세와 이자상당액을 신고하는 때에는 기획재정부령이 정하는 가업상속공제 사후관리추징사유 신고 및 자진납부계산서에 의해 납세지 관할세무서장에게 신고하고 해당 상속세와 이자상당액을 납세지 관할세무서, 한국은행 또는 체신관서에 납부하여야 한다. 다만, 이미 상속세와 이자상당액이 부과되어 납부한 경우에는 그러하지 아니하다(상증법 §18의2 ⑨, 상증령 §15 ㉑).

가업상속공제 사후요건 검토표

가업승계 요건검토 (상증)18의2-15-10 **가업상속공제 사후요건 검토표**

가업상속공제 사후요건 검토표

검토항목	검토내용	적격 여부
1. 사후관리기간 경과 여부 (사후관리 기간 : 5년)		
㉮ 상속개시일	. .	경과☐ / 미경과☐
㉯ 정당한 사유로 인한 미종사 기간 (병역의무 이행, 질병의 요양, 취학상 형편 등 정당한 사유로 가업 미종사시 해당 기간만큼 사후관리 기간 연장)	~	
㉰ 사후관리기간 종료예정일	. .	
2. 가업용 자산기준 이상 처분(임대 포함) 여부		
㉮ 상속개시일 현재 가업용 자산가액	원	적☐ / 부☐
㉯ 가업용자산 중 처분자산가액	원	
㉰ 가업용자산의 처분비율(40% 이상 처분 금지)	%	
㉱ 정당한 사유 유무		
3. 가업 종사 여부		
㉮ 상속세 신고기한부터 2년내 대표이사 취임 여부		적☐ / 부☐
㉯ 가업의 주된 업종 변경 여부 (중분류 내 업종변경 허용 등 상증령 §15)		
㉰ 가업을 1년 이상 휴업(무실적 포함) 또는 폐업 여부		
㉱ 정당한 사유 유무(상속인 사망 등)		
4. 상속인 지분 감소 여부		
㉮ 가업상속 후 상속인 지분	%	적☐ / 부☐
㉯ 사후관리 기간 중 상속인 지분	%	
㉰ 상속인의 지분 감소 여부		
㉱ 정당한 사유 유무 (상증령 §15⑧3 해당하는 지분감소의 경우 사후의무 위반 아님)		
5. 고용요건 충족 여부(근로자 수 기준과 총급여액 기준 중 선택 가능)		
㉮ 상속개시 직전 2개 사업연도 말 정규직 근로자 수(총급여액) 평균	명 (원)	적☐ / 부☐
㉯ 상속개시된 사업연도 말부터 5년간 각 사업연도 말 정규직 근로자 수(총급여액)의 전체 평균	명 (원)	
㉰ 5년간 정규직 근로자 수(총급여액) 비율	% %	
6. 조세포탈 또는 회계 부정행위로 징역형 또는「주식회사 등의 외부감사에 관한 법률」제39조 1항에 따른 죄에 해당하지 않을 것		적☐ / 부☐

☞ 국세청 2024년 발간 "가업승계 지원제도 안내" P.49.

8. 사후관리요건 위반으로 상속세 추징시 양도소득세 상당액을 상속세 산출세액에서 공제

가업상속공제를 적용받은 가업상속재산에 대하여 사후관리위반 또는 가업상속공제를 받은 후에 상속인에 대한 형이 확정된 경우에는 상속세를 부과할 때 아래 '8'과 같이 소득세법 제97조의2 제4항에 따라 이월과세가 적용되어 납부하였거나 납부할 양도소득세가 있는 경우에는 대통령령으로 정하는 바에 따라 계산한 양도소득세 상당액을 상속세 산출세액에서 공제하여 상속세 추징세액을 조정한다. 다만, 공제한 해당 금액이 음수(陰數)인 경우에는 영으로 본다(상증법 §18의2 ⑩). 이 규정은 2014.01.01. 이후 개시하는 과세기간 또는 사업연도 분부터 적용한다.

상기에서 "대통령령으로 정하는 바에 따라 계산한 양도소득세 상당액"이란 가업상속공제를 적용받고 양도하는 가업상속재산에 대하여 소득세법 제97조의2 제4항 단서를 적용하여 계산한 양도소득세액, 즉, 아래 "8"의 방법으로 계산한 취득가액을 반영하여 계산한 양도소득세액에서 그 단서를 적용하지 않고 계산한 양도소득세액을 뺀 금액에 기간별 추징율을 곱한 금액을 말한다(상증령 §15 ⑰).

> ▶ 상속세산출세액에서 공제하는 양도소득세 상당액 = (① − ②) × 기간별 추징율
> ① 이월과세를 적용하여 계산한 양도소득세 상당액
> ② 이월과세를 적용하지 않고 계산한 양도소득세 상당액

Ⅷ. 가업상속공제가 적용된 자산을 양도할 때 양도소득세 이월과세 적용

1. 의의

상속재산의 양도에 따른 양도차익을 계산할 때 양도가액에서 공제하는 필요경비는 피상속인의 취득가액을 적용하지 아니하고 상속개시 당시의 상속세과세가액인 간주취득가액을 필요경비로 공제한다. 이와 같은 간주취득가액의 필요경비 적용으로

가업상속공제를 한 상속재산의 경우에는 피상속인이 창출한 자본이득에 대해서는 상속세뿐만 아니라 양도소득세를 한 푼도 과세되지 아니하여 과세의 공평성 측면에서 문제점이 발생되었다. 이에 따라 2014년 개정 세법에서는 가업상속공제는 가업상속재산가액 전액을 공제하되 가업상속공제를 적용받은 재산 중에 양도소득세 과세대상재산에 대해서는 피상속인 단계에서 발생된 자본이득에 대하여 상속인이 양도할 때 양도소득세로 납부하도록 하였다. 이 개정 규정은 2014년 이후에 가업상속재산을 상속받아 양도하는 분부터 적용한다.

2. 가업상속공제가 적용된 자산의 양도시 취득가액

가업상속공제가 적용된 자산의 양도차익을 계산할 때 양도가액에서 공제할 필요경비는 소득세법 제97조 제2항에서 규정한 필요경비를 적용한다. 다만, 취득가액은 다음의 금액을 합한 금액으로 한다(소법 §97의2 ④).

① 피상속인의 취득가액(제97조 제1항 제1호 각 목의 어느 하나에 해당하는 금액) × 해당 자산가액 중 가업상속공제적용률

② 상속개시일 현재 해당 자산가액 × (1 - 가업상속공제적용률)

여기에서 "가업상속공제적용률"은 상속세및증여세법 제18조 제2항에 따라 상속세 과세가액에서 공제한 금액을 같은 법 같은 항 제1호에 따른 가업상속 재산가액으로 나눈 비율을 말한다.

$$\text{가업상속공제적용률} = \frac{\text{가업상속공제금액}}{\text{가업상속재산가액 합계액}}$$

소득세법 제97조 제1항 제1호 각목의 어느 하나에 해당하는 금액이란 소득세법 제94조 제1항 각 호의 자산 취득에 든 실지거래가액(소득세법 제96조 제2항 각 호 외의 부분에 해당하는 경우에는 그 자산 취득 당시의 기준시가)을 말한다. 다만, 취득 당시의 실지거래가액을 확인할 수 없는 경우에는 매매사례가액, 감정가액 또는 환산가액을 말한다.

제1절 가업상속공제

사례 6   가업상속공제 적용후 가업자산 양도시 취득가액 계산

기본사항   사실관계
- 피상속인 취득가액 : 10억원(100,000주, @10,000))
- 상속개시당시 평가액 : 100억원(100,000주, @100,000)
- 상속인의 매도가액 : 150억원(100,000주, @150,000)
- 가업상속공제율 : 80%인 경우

질의   가업상속공제 적용된 재산 양도시 취득가액은?

해설   – 취득가액 : ①+② = 28억원
① 10억원(100,000주, @10,000))×80%= 8억원
② 100억원(100,000주, @100,000)×(100%-80%)= 20억원

예규·판례

01 상속세및증여세법 제18조 제2항제1호에 따른 가업의 경영기간은 가업상속 대상 기업의 주된 사업(업종)를 기준으로 판단함(기획재정부 재산세제과-70, 2021.01.21.), 주된 재화 또는 용역의 공급에 필수적으로 부수되어 공급하는 재화 또는 용역의 경우 주된 공급의 수입금액으로 보아 업종을 판단해야되는 것임(서면-2020-상속증여-3944, 2020.12.30.).

02 가업상속공제를 적용함에 있어 최대주주 지분율 50%(상장법인은 30%) 판정 시 자기주식은 발행주식총수에서 제외하는 것임(상속증여-154, 2014.5.23.) 의결권 없는 우선주는 가업상속공제 적용대상에 해당하지 않으며, 가업상속공제의 피상속인 등의 지분율 판정시 의결권 없는 우선주는 제외하는 것임(법규-1088, 2014.10.14.).

03 인적분할한 경우 당해 분할신설법인의 사업영위기간은 분할 전 분할법인의 사업개시일부터 계산하는 것임(서면-2022-상속증여-3997, 2022.09.29.).

04 가업상속을 받은 상속인이 피상속인 또는 상속인과 그 외의 제3자와의 분쟁으로 인한 상속회복청구소송 또는 유류분반환청구소송이 있어 가업상속에 해당함을 증명하기 위한 서류를 상속세 과세표준신고기한까지 제출하지 못한 경우에는 그 확정판결이 있는 날부터 6개월 이내에 해당 서류를 제출한 경우에는 가업상속공제를 적용받을 수 있음(기획재정부 재산세제과-1175, 2022.09.20.).

05 가업상속공제 적용 시 상속받은 가업법인 주식 중 일부만 가업상속공제 받는 것으로 선택 가능하며, 상속공제 받지 않은 주식 일부를 사후관리기간 내 처분 시 사후관리 위반에 해당하지 않음(기획재정부 재산세제과-1538, 2022.12.20.).

06 가업상속공제규정을 적용할 때 피상속인 및 상속인이 특수관계에 있는 자와 공동대표이사로 등기된 경우에도 적용되는 것이며(재산-2975, 2008.9.29.), 상속인이 상속개시일 전에 해당 기업의 대표이사로 취임한 경우에도 적용되는 것임(재산-3147, 2008.10.07.).

07 중견기업의 상속개시일 전 3년간의 평균매출액이 3천억원 이상에 해당하는지 여부를 판단할 때 연결재무제표 대상이 되는 종속법인의 매출액은 포함하지 않는 것임(법령해석재산-0299, 2017.4.12.) 중소기업기본법 상 관계기업이 가업상속되는 경우 해당 관계기업이 가업법인에 해당하는지 여부는 개별기업의 매출액을 기준으로 판단함(재재산-441, 2017.07.20.).

08 법인세법을 적용받는 가업이 주주 또는 출자자의 주식 및 출자지분의 비율에 따라서 유상으로 균등하게 감자하는 경우는 「상속세 및 증여세법 제18조제6항제1호다목의 주식 등을 상속받은 상속인의 지분이 감소한 경우에 해당하는 것임(기획재정부재산-1575, 2022.12.23.).

09 청구인이 주장하는 외부환경 변화로 인해 부득이하게 사업을 영위하지 못하였다는 등의 사정만으로는 상증령 제15조제6항에 따른 정당한 사유에 해당한다고 인정하기 어려움(조심2024광1934, 2024.06.18.).

10 가업상속공제의 고용유지의무 사후관리 규정 신설 전 상속이 개시된 경우 사후관리 기간 중 신설된 고용유지 의무 규정을 적용하지 않는 것임(재재산-450, 2017.07.20.).

11 "상속개시일 현재 피상속인이 가업을 경영할 것"은 가업상속공제 요건이 아님(기획재정부 조세법령운용과-571, 2022.05.30.).

12 미등기된 실질적 대표를 가업상속공제의 관련 규정 대표이사등에 포함된다고 볼 경우, 그 재직기간의 시기와 종기를 정확하기 특정하기 어려워 가업상속공제의 적용이 지나치게 확장될 염려가 있음을 고려할 때, 실질적 대표는 포함되지 않는다고 해석하는 것이 타당한 해석임(서울고법 2022누53015, 2023.04.19.).

13 상속인의 배우자가 대표이사 등으로 취임하는 경우 상속인이 요건을 갖춘 것으로 보는 상증령§15③(2)는 법인사업자에게만 적용되는 것임(서면-2024-상속증여-0121, 2024.12.12.)

14 가업의 사업장으로 사용하던 건물을 매각하고, 가업상속 이전부터 해당 법인이 보유하던 임대용 건물로 사업장을 이전하는 경우는 가업용 자산 처분의 정당한 사유로서의 대체취

득에 해당하지 않는 것임(서면-2021-법규재산-5459, 2022.04.26.).

15 가업상속공제를 적용함에 있어, 피상속인이 자살로 사망한 경우는 상속인의 상속개시 전 가업종사요건(2년)의 예외사유인 피상속인이 인재 등 부득이한 사유로 사망한 경우에 해당하는 것임(사전-2023-법규재산-0515, 2023.09.25.).

16 가업상속공제를 받은 공동상속인간 5년이내 지분을 양도하여 지분이 감소한 경우, 가업상속공제 사후관리규정(상증법§18의2⑤)에 따라 상속세가 추징되는 것임(서면-2022-법규재산-1704, 2023.09.01.).

17 父가 단독 운영하던 가업을 母가 상속받은 후 10년 내 母도 사망함에 따라 子가 가업을 상속받은 경우, 가업상속공제가 적용되지 않는 것임(사전-2023-법규재산-0172, 2023.09.13.).

18 가업상속공제 적용 시 기준고용인원을 계산할 때 상속개시 전부터 가업기업에서 정규직 근로자로 근무하던 '가업기업의 최대주주 및 그 친족'은 정규직근로자 수에 포함되는 것이며, 고용노동부로부터 근로계약기간 등을 승인받은 외국인근로자를 1년 단위로 계약을 체결하는 경우 정규직근로자에 해당하는 것임(서면-2021-법규재산-8408, 2023.03.24.).

19 상속인이 취학상 형편으로 상속세과세표준 신고기한까지 임원으로 취임하지 못한 경우에는 가업상속공제를 적용할 수 없음(법규재산 2014-1325, 2014.08.13.).

20 상속인의 지분이 감소 여부 판단 시 주식발행법인이 보유하는 자기주식은 발행주식총수에서 제외하는 것이며, 자기주식을 처분한 후에도 상속인이 최대주주 등에 해당하는 경우에는 "상속인의 지분이 감소한 경우"에 해당하지 아니하는 것임(서면법규-763, 2014.7.18.).

21 2016년 이전에 가업상속받은 경우로서 2017년 이후에 사후관리위반으로 상속세를 부과할 때 2016.12.20. 개정된 상증법 규정에 따른 이자상당액 가산대상에 해당한다(서울고등법원2023누61075, 2024.04.25).

22 상증세법 제18조 제5항 제1호 다목은 '상속인의 지분이 감소한 경우'를 추징대상으로 규정하고 있는 바, 우선 '지분'이란 사전적 의미로 볼 때 공유자 각자의 지분 비율을 의미하므로 균등유상감자와 같이 유상감자하였더라도 청구인의 지분율이 유지되었다면 '지분이 감소한 경우'에 해당한다고 볼 수 없음(조심 2017부5161, 2018.03.26.)

사례 7   법인기업 가업상속공제 검토서 작성 형식

기본사항

1. 가업상속공제 대상 법인현황
    - 법인명 :
    - 법인소재지 :
    - 법인 설립일자:
    - 업태 및 종목 :
    - 발행주식총수 :
    - 상속개시일 현재 주주현황 :

2. 가업상속공제 대상 검토
    (1) 가업 해당여부
        ◦ 중소기업 또는 중견기업 요건
        ◦ 별표업종 요건
        ◦ 10년 이내 조세포탈 또는 회계 부정행위로 징역형 등 여부
    (2) 피상속인 요건
        ◦ 피상속인이 10년 이상 가업 경영 여부
        ◦ 피상속인이 10년 이상 최대주주 및 지분율 40%(상장법인 20%) 유지 여부
        ◦ 대표이사 재직요건
    (3) 상속인 요건
        ◦ 가업상속인의 상속 요건 :
        ◦ 상속개시 전 2년 이상 가업 종사 요건
        ◦ 신고기한 이내 가업종사 여부
    (4) 가업상속공제 요건 충족 여부 결론

3. 가업상속공제액

구분	주식수	1주당 평가액	상속재산 가액	사업용 자산비율	가업상속 공제액
상속주식					
가업승계 주식					
합계액					

4. 관련 증빙
    ① 주식등 변동상황명세서(10년 이상) ② 법인등기부등본 ③ 주주명부
    ④ 주식평가 보고서 ⑤ 사업용자산비율 계산 내역 ⑥ 과다보유현금검토서
    ⑦ 기타 입증자료

제1절 가업상속공제

사례 8 증여세 과세특례와 가업상속공제를 모두 적용시 가업상속공제액 계산

기본사항
- 갑이 2025.08.26.에 사망하여 상속이 개시되었음
- 갑이 10년 이상 경영하던 을법인의 주식 2,150주를 2020.12.15.에 증여하여 다음과 같이 가업승계 특례를 적용받음

1주당 평가액	증여재산가액	사업용 자산비율	가업승계 특례	일반증여재산
@467,017	1,004,086,550	71.7%	719,930,056	284,156,493

- 상속개시일 현재 소유한 을법인 주식 15,000주식에 대하여도 가업상속공제를 적용받고자 하며, 현황은 다음과 같음

구분	주식수	1주당 평가액	상속재산가액	사업용 자산비율
상속주식	15,000	@500,000	7,500,000,000	74.3%

- 가업상속공제 요건은 모두 충족함

질의 가업상속공제액은 ?

해설

구분	주식수	1주당 평가액	재산가액	사업용 자산비율	가업상속공제액
상속주식	15,000	@500,000	7,500,000,000	74.3%	5,572,500,000
가업승계 주식	2,150	@467,017	1,004,086,550	74.3%	746,036,306
합계액	17,150		8,504,086,550	74.3%	6,318,536,306

국세청은 "거주자가 조세특례제한법 제30조의6에 따른 가업승계에 대한 증여세 과세특례 적용 대상인 주식을 증여받은 후, 상속이 개시된 경우로서 같은 법 시행령 제27조의6 제8항에 따른 요건을 모두 갖추어 상속세 및 증여세법 제18조에 따른 가업상속공제를 적용하는 경우 같은 법 제18조제2항 제1호가목에 따른 가업상속재산가액은 같은 법 시행령 제15조제5항제2호에 따라 증여받은 주식의 가액에 상속개시일 현재 그 법인의 총자산가액 중 사업무관자산을 제외한 자산가액이 그 법인의 총자산가액에 차지하는 비율을 곱하여 계산한 금액으로 하는 것"이라고 해석(서면2021-상속증여-7549, 2022.08.17.)하고 있음

☞ 가업상속공제 적용시 체크사항

① 가업상속공제 규정을 적용 받기 위해서는 상속개시전에 가업 요건, 피상속인 요건, 상속인 요건, 지분율요건, 업종요건 등이 충족되고 있는지 여부를 수시로 체크

② 가업을 상속받은 경우 상속세 신고시 가업상속공제 제도와 상속세 납부유예 중 선택해야 함

③ 피상속인이 명의신탁한 주식이 있는 경우 상속세 신고 시 환원해야 함
  ex: 상속개시전 명의신탁주식 환원제도 이용 미리 환원, 명의신탁 흔적 남기기 등

④ 상속이 예정된 경우에는 사업용자산비율을 최대한 높여야 함.
  ex: 과다보유현금 평균액 늘릴 것, 자회사주식 보유시역할(제조 또는 구매 등) 확인 및 거래 발생시킬 것, 각종 회원권(내부결재 또는 홈페이지 등 입증자료 남길 것), 임대부동산 관리

⑤ 상속개시일 현재 해당 법인이 자기주식을 소유하고 있는 경우 그 자기주식은 사업무관자산에 해당될 수 있음.

⑥ 현재 가업을 생전에 증여하여 가업승계에 대한 증여세 과세특례를 적용받은 경우에 5년간 사후관리규정이 적용되며, 이 경우 고용유지 요건 및 자산 처분요건은 없으나 상속세로 정산할 때 가업상속공제를 적용받은 경우에는 상속개시일로부터 5년간 다시 고용유지 요건 등 사후관리 규정을 준수해야 함. 즉 사후관리기간이 10년 이상이 될 수 있음

⑦ 가업상속공제 대상 '가업'은 피상속인이 10년 이상 계속하여 동일업종(대분류 내의 다른 업종 영위기간 합산)으로 유지 경영한 기업을 말하므로 사전 주요 업종관리를 해야 함

⑧ 중견기업의 경우 상속개시일 직전 3개 법인세 사업연도의 매출액의 평균금액이 5천억원 미만인 기업만 가업상속공제가 가능하므로 현재 중견기업에 해당하는 경우로서 매출액이 5천억원 이상에 해당하는 경우 법인세법상 적격 분할을 통하여 가업상속공제 대상 중견기업으로 만드는 것도 절세의 한 방법임

⑨ 가업승계 목적으로 증여받은 주식에 대하여 증여자 사망으로 상속세를 정산할 때 가업상속공제 적용시 상속개시일 현재 사업용자산비율로 재계산함

가업의 승계에 대한 증여세 과세특례

I 의의

중소기업 경영자가 고령이 된 경우에 생전에 자녀에게 기업을 사전 상속하도록 함으로써 중소기업의 영속성을 유지하고 경제 활력을 도모하기 위하여 2007.12.31. 법 개정시에 가업승계에 대한 증여세 과세특례제도가 도입되었다. 이 특례제도는 법정 요건에 해당하는 중소기업의 주식을 생전에 증여하는 경우에 5억원을 일괄 공제하고 10%의 특례세율로 증여세를 과세한 이후 증여자의 사망으로 상속이 개시되면 그 때 증여당시의 증여재산가액을 상속세 과세가액에 가산하여 상속세로 정산하도록 하는 사전상속제도이다.

이 규정은 2008.1.1. 이후 증여하는 분부터 적용되고, 계속하여 성장하고 있는 중소기업으로서 주식가치가 상승하고 있는 기업의 경우에 활용하면 절세효과가 더욱 커져서 유리한 제도로서 그동안 적용시한을 두고 한시적으로 적용하였으나 영구적으로 적용할 수 있도록 하기 위해 2014.1.1. 개정을 통해 적용시한을 폐지하였고, 가업상속공제와 동일하게 사업용자산에 한정하여 세제지원이 될 수 있도록 하였다. 또한 2015년부터는 증여세 과세특례 한도액을 100억원으로 상향하고 30억원을 초과하는 금액에 대하여는 20%의 세율을 적용하도록 하여 고령화에 따른 가업의 조기 승계를 지원하였다. 또한 그동안 가업 승계는 1인에게만 적용하였으나 가업승계 제도의 유연성 제고를 위해 2020년부터는 2인 이상인 경우도 적용하도록 하였다.

  2022.12.31. 세법개정시 중소·중견기업의 원활한 가업상속을 지원하고자 가업승계에 대한 증여세 과세특례 대상을 중견기업의 경우 3년간 평균매출액 5천억 미만 기업으로 확대하고, 증여자의 최대주주등 지분비율도 40%(상장법인은 20%)로 낮추었으며, 증여세 과세특례 한도액도 가업상속공제액과 동일하게 증여자의 가업경영기간에 따라 300억원~600억원으로 상향하였다. 또한, 증여세 과세가액에서 공제하는 일괄공제액도 10억원으로 상향하였으며, 사후관리기간도 종전 7년에서 5년으로 단축하였다. 무엇보다도 개정된 사후관리규정은 2023.1.1.현재 사후관리기간중인 기업도 적용받을 수 있도록 개정하여 가업승계에 대한 증여세 과세특례 제도의 활용성을 높였다. 또한 2024.1.1. 이후 증여분부터는 종전에는 과세표준 60억원까지는 10%의 낮은 세율을 적용하던 것을 120억원까지 낮은 세율을 적용하도록 하였다.

  2025.02.28.시행령 개정시 임직원에게 대여한 주택 또는 전세자금 등도 사업용자산에 해당하는 것으로 개정하였다.

Ⅱ 증여세 과세특례 내용

1. 가업의 승계에 대한 증여세 과세특례의 내용

  18세 이상인 거주자가 60세 이상의 부모(증여 당시 아버지나 어머니가 사망한 경우에는 그 사망한 아버지나 어머니의 부모를 포함한다.)로부터 가업[대통령령으로 정하는 중소기업 또는 대통령령으로 정하는 중견기업(증여받은 날이 속하는 법인세 사업연도의 직전 3개 법인세 사업연도의 매출액 평균금액이 5천억원 이상인 기업은 제외한다)으로서 부모가 10년 이상 계속하여 경영한 기업을 말한다]의 승계를 목적으로 해당 가업의 주식 또는 출자지분을 증여받고 대통령령으로 정하는 바에 따라 가업을 승계한 경우에는 상속세 및 증여세법 제53조, 제53조의2 및 제56조에도 불구하고 그 주식등의 가액 중 대통령령으로 정하는 가업자산상당액에 대한 증여세 과세가액에서 10억원을 공제하고 세율을 100분의10(과세표준이 120억원을 초과하는 경우 그 초과금액에 대해서는 100분의20)으로 하여 증여세를 부과한다.(조특법 §30의6 ①).

다만, 가업의 승계 후 가업의 승계 당시 상속세 및 증여세법 제22조 제2항에 따른 최대주주 또는 최대출자자에 해당하는 자(가업의 승계 당시 해당 주식등의 증여자 및 해당 주식등을 증여받은 자는 제외한다)로부터 증여받는 경우에는 그러하지 아니하다(조특법 §30의6 ①).

증여세 과세특례가 적용되는 증여세 과세가액은 다음의 구분에 따른 금액을 한도로 한다.

① 부모가 10년 이상 20년 미만 계속하여 경영한 경우: 300억원
② 부모가 20년 이상 30년 미만 계속하여 경영한 경우: 400억원
③ 부모가 30년 이상 계속하여 경영한 경우: 600억원

｜증여세 과세특례 한도액 개정연혁 ｜

적용기간	증여세 과세특례 한도액
2008~2014년 이전	30억원
2015년~2022년 증여분	100억원
2023.1.1.이후 증여	① 부모가 10년 이상 20년 미만 계속하여 경영한 경우: 300억원 ② 부모가 20년 이상 30년 미만 계속하여 경영한 경우: 400억원 ③ 부모가 30년 이상 계속하여 경영한 경우: 600억원

2. 증여세 과세방법

(1) 가업승계자(수증자)가 1인인 경우

증여세 과세특례 한도 범위내의 증여세 과세가액에서 10억원을 공제하고 세율을 100분의 10으로 하여 증여세를 부과한다. 다만, 증여세 과세표준이 120억원을 초과하는 경우 그 초과금액에 대해서는 100분의 20으로 하여 증여세를 부과한다.

> ▶ 증여세 과세가액이 130억원을 초과하는 경우
> 증여세 산출세액 = [(증여세 과세가액* - 130억원) × 20%] + [130억원 - 10억원] × 10%]
> 　　* 증여세 과세가액은 과세특례 한도 범위내의 금액으로 한정함
>
> ▶ 증여세 과세가액이 130억원 이하인 경우
> 증여세 산출세액 = (증여세 과세가액 - 10억원) × 10%

(2) 가업승계자(수증자)가 2인 이상인 경우

주식등을 증여받고 가업을 승계한 거주자가 2인 이상인 경우에는 각 거주자가 증여받은 주식등을 1인이 모두 증여받은 것으로 보아 증여세를 부과한다. 이 경우 각 거주자가 납부하여야 하는 증여세액은 다음과 같이 계산한 금액으로 한다(조특법 §30의6 ②).

(가) 2인 이상의 거주자가 같은 날에 주식등을 증여받은 경우

상기 (1)의 원칙적인 방법과 같이 1인이 모두 증여받은 것으로 보아 조세특례제한법 제30조의6에 따라 부과되는 증여세액을 각 거주자가 증여받은 주식등의 가액에 비례하여 안분한 금액

(나) 순차 증여

해당 주식등의 증여일 전에 다른 거주자가 해당 가업의 주식등을 증여받고 조세특례제한법 제30조의6에 따라 증여세를 부과받은 경우에는 그 다른 거주자를 해당 주식등의 수증자로 보아 같은 조에 따라 부과되는 증여세액으로 한다. 즉, 1인이 수차례 나누어 증여받은 경우와 같이 후 순위 수증자의 경우에는 선순위 수증자의 증여재산가액을 과세가액에 합산하여 증여세를 계산하고 선순위 수증자가 납부한 증여세를 공제한다.

제2절 가업의 승계에 대한 증여세 과세특례

┃ 증여세 과세방법 개정연혁 ┃

적용기간	과세방법
2008~2014년 이전	증여세 산출세액 : (30억원-5억원) × 10%
2015년 이후	· 과세가액이 35억원 초과시 산출세액: ① + ② 　① (증여세 과세가액-35억원) × 20%　② (35억원-5억원) × 10% · 과세가액이 35억원 이하 산출세액: 　(증여세 과세가액-5억원) × 10%
2020년~2022년 증여분	· 상 동 · 수증자가 2인 경우에도 적용되며, 다만, 수증자가 1인인 것으로 보아 증여세 계산
2023년 증여분	· 과세가액이 70억원 초과시 산출세액: ① + ② 　① (증여세 과세가액-70억원) × 20%,　② (70억원-10억원) × 10% · 과세가액이 70억원 이하 산출세액: 　(증여세 과세가액 - 10억원) × 10%
2024년 이후 증여분	· 과세가액이 130억원 초과시 산출세액: ① + ② 　① (증여세 과세가액 - 130억원) × 20%　② (130억원-10억원) × 10% · 과세가액이 130억원 이하 산출세액: 　(증여세 과세가액 - 10억원) × 10%

3. 가업승계 후 동일 법인의 최대주주 등의 주식 등에 대한 과세특례 추가 적용 배제

(가) 동일한 법인의 최대주주 중 1인에 대하여만 가업승계 특례 적용됨

주식 등을 증여받아서 가업을 승계한 후에 가업의 승계 당시 상속세및증여세법 제22조 제2항에 따른 최대주주 또는 최대출자자에 해당하는 자로부터 당초 가업을 승계한 동일한 법인의 주식 등을 증여받는 경우에는 그 주식 등에 대하여는 증여세 과세특례가 또 다시 적용되지 않는다. (조특법 §30의6 ① 단서).

가령 아버지, 삼촌이 최대주주 등인 경우에는 종전에는 본인 및 삼촌의 자녀가 증여받은 경우 각각 증여세 과세특례가 가능하였으나(재재산-670, 2010.7.12.), 2011년부터는 동일한 법인의 최대주주 등이 보유한 주식을 증여한 경우 수증자

1인에게만 증여세 과세특례가 적용되므로 본인이 먼저 증여받아 가업을 승계한 경우에는 추가로 최대주주인 삼촌이 그의 자녀에게 주식 등을 증여하는 경우에도 삼촌의 자녀는 적용되지 않으며, 또한 아버지가 주식 등을 추가로 다른 자녀에게 증여한 경우에도 마찬가지로 과세특례가 적용되지 않는다는 의미이다.

국세청은 "母로부터 가업 주식을 증여받아 가업승계 증여세 특례를 적용받은 후 父로부터 가업 주식을 증여받은 경우 가업승계 증여세 특례를 적용할 수 있는지 여부"에 대하여 "父와 母가 공동사업을 경영하는 가업의 母 지분을 자녀가 증여받아 조세특례제한법 제30조의6 제1항에 따른 "가업의 승계에 대한 증여세 과세특례"를 적용받은 후, 父지분을 증여받은 경우는 해당 증여세 과세특례를 적용하지 않는다"라고 해석(서면-2021-법규재산-4361, 2022.6.29.)한 바 있다.

2020년부터는 증여자는 1인이고 수증자가 2인 이상인 경우에도 적용되므로 가령 아버지가 주식 등을 자녀1인에게 증여한 후 다른 자녀에게 추가 증여한 경우에도 다른 요건 충족시 증여세 과세특례가 적용된다(서면-2022-상속증여-2204, 2022.07.04.).

(나) 가업승계 당시 증여자 및 수증자는 가업승계에 대한 증여세 과세특례 적용됨

가업의 승계 당시 해당 주식등의 증여자 및 해당 주식등을 증여받은 자가 가업승계 목적으로 주식을 증여하는 경우에는 동일한 법인의 최대주주인 경우에도 가업승계에 대한 증여세 과세특례는 가능하다(조특법 §30의6 ① 단서).

예를 들면, 증여자가 1차 가업승계 목적으로 주식을 증여한 후 증여세 과세특례 한도 범위내에서 추가로 2차 증여를 하여 가업승계 특례를 받을 수 있다. 다만 1차 증여와 합산하여 한도액 및 증여세를 계산해야 한다. 또한 가업승계 목적으로 주식을 받은 수증자가 10년 이상 가업을 경영한 후에 그의 자녀들에게 가업승계 목적으로 주식을 증여하고 가업승계에 대한 증여세 과세특례를 적용받을 수 있다.

사례 9 수증자가 2인 이상인 경우 증여세특례 적용방법

기본사항

〈사실관계〉
- 甲(65세)은 A법인(중소기업)을 10년이상 경영하고 있으며, 甲의 보유주식은 3,645,636주임
- A법인의 주식 1주당 가액은 @4,840원이며, A법인의 사업용 자산비율은 95%임
- A법인은 현재 급성장하고 있어 자녀들에게 미리 가업승계를 하고자 甲이 보유한 주식 모두를 자녀 乙과 丙에게 2025.01.14.에 각각 1,822,818주를 증여하고 가업승계 특례 신청을 함
- 乙과 丙은 10년 이내 다른 증여받은 사실 없음

질의 증여세 과세특례 세율 적용방법은?

해설

1. 증여세 과세특례금액와 사업무관자산에 해당하는 주식가액
   ① 증여세 과세특례 금액 : (@4,840×3,645,636주)×95% = 16,762,634,328원
   ② 사업무관자산에 상당하는 주식가액 : (@4,840×3,645,636주)×5%=882,243,912원

2. 주식가액중 증여세 과세특례 부분(①+②) : 1,952,526,865원
   ① (130억원-10억원)×10%=12억원
   ② (16,762,634,328원-130억원)×20%=752,526,865원
      ⓐ 乙이 부담할 증여세 : 1,952,526,865원 × 1/2 = 976,263,432원
      ⓑ 丙이 부담할 증여세 : 1,952,526,865원 × 1/2 = 976,263,432원

3. 주식가액 중 사업무관자산에 상당하는 증여세 계산
   ① 乙의 증여세 산출세액 계산
      - 증여재산가액 : 882,243,912원× 1/2 = 441,121,956원
      - 증여세 산출세액 : (441,121,956원-50,000,000)×20%-0.1억원 = 68,224,391
      - 자진납부세액 : 68,224,391×(1-0.03) = 66,177,659
   ② 丙의 증여세 산출세액 계산
      - 증여재산가액 : 882,243,912원× 1/2 = 441,121,956원
      - 증여세 산출세액 : (441,121,956원-50,000,000)×20%-0.1억원 = 68,224,391
      - 자진납부세액 : 68,224,391×(1-0.03) = 66,177,659

4. 2020.1.1. 이후 가업의 승계를 목적으로 주식등을 증여받고 가업을 승계한 거주자가 2인 이상인 경우에는 각 거주자가 증여받은 주식등을 1인이 모두 증여받은 것으로 보아 증여세를 계산하고 각 거주자가 증여받은 주식등의 가액에 비례하여 안분한 금액으로 납부하게 된다.

5. 증여세 신고서는 가업승계특례 대상 증여세와 사업무관자산에 상당하는 일반증여세에 대한 신고서를 각각 작성해야 한다.

사례 10 2024년 전과 후 각각 증여받은 경우로서 특례세율 적용방법

기본사항 〈사실관계〉
- 甲은 A법인(중소기업, 가업승계요건 모두 충족) 주식을 父로부터 2023.2.16.에 120,000주(1주당 평가액 @70,000원, 사업용자산비율 100%임)를 증여받아 가업승계 특례신청함
- 甲은 추가로 A법인 주식을 父로부터 2025.3.5에 150,000주(1주당 평가액 @80,000원, 사업용자산비율 100%임)를 증여받아 가업승계 특례를 신청하고자 함

질 의 증여세 과세특례 세율 적용방법은 ?

해 설
1. 2023.2.16. 증여세 계산
   - 증여세 과세특례 대상 : (@70,000×120,000주)×100% = 84억원
   - 증여세 산출세액 = [(84억원 - 70억원) × 20%] + [70억원 - 10억원) × 10%]=8.8억원

2. 2025.3.5. 증여세 계산
   - 증여세 과세특례 대상 : [(@70,000×120,000주)+(@80,000×150,000주)]=204억원
   - 증여세 산출세액 = [(204억원 - 130억원) × 20%] + [130억원 - 84억원) × 10%]+[(84억원 - 70억원) × 20%] + [70억원 - 10억원) × 10%]=28.2억원
   - 기납부세액 : 8.8억원
   - 자진납부세액 : 19.4억원

3. 계산근거 예규 : 사전-2024-법규재산-0526, 2024.08.30.
   질의1) 1, 2차 순차 증여하여 1차 증여분을 2차 증여분에 합산하여 과세하는 경우로서 1차 증여시 당시 법률에 따라 과세표준 30억원 까지 10% 세율을, 30억원 초과분에 대하여 20% 세율을 적용받은 후, 2차 증여시 과세표준 120억원까지 10% 세율 적용이 가능한 경우 2차 증여분에 대한 과세표준에서 10% 세율을 적용하는 금액의 계산방법은 쟁점특례의 개정 부칙에서 개정전 증여분은 개정규정에도 불구하고 종전의 규정을 적용하는 것으로 규정하고 있으므로 1차 증여분(2021년 증여분)은 과세표준 30억원까지, 2차 증여분(2024년 증여분)은 과세표준 90억원(120억-30억)까지 10% 세율을 적용하는 것임
   (질의2) 1, 2차 순차증여하는 경우로서 2차 증여가 1차 증여의 수증인을 포함한 수증자 2인에 대한 동시증여인 경우, 2차 증여의 각 수증자가 부담할 세액의 안분 방법은 (1차 甲, 2차 甲, 乙) 동시증여에 해당하는 납부세액만을 1인이 모두 증여받은 것으로 보아 산출한 후 그 세액을 동시증여의 각 수증자가 증여받은 주식등의 가액에 비례하여 안분하는 것임

Ⅲ 가업의 승계에 대한 증여세 과세특례의 요건

1. 가업의 범위

(1) 중소기업이어야 함

가업의 승계에 대한 증여세 과세특례가 적용되는 "가업"이라 함은 "상속세및증여세법 시행령 제15조 제1항에 따른 중소기업을 말한다"라고 규정하고 있어 가업상속공제가 적용되는 중소기업과 동일하다. 즉. 증여세 과세특례가 적용되는 중소기업이란 증여일이 속하는 법인세 사업연도의 직전 사업연도 말 현재 다음의 요건을 모두 갖춘 기업(중소기업)을 말한다. 이 개정규정은 2025.2.28. 증여분부터 적용한다. 동 규정 개정전에는 상속세 및 증여세법 제18조의2 제1항에 따른 가업을 말한다.

① 상속세및증여세법 시행령 별표에 따른 업종을 주된 사업으로 영위할 것.
  법인이 둘 이상의 가업상속공제 대상 업종을 계속 영위하면서, 주업종의 구분만 변경된 경우 증여세 과세특례 적용대상에 해당하지 않는다(기획재정부 조세정책과-1481, 2024.07.31.)
② 조세특례제한법 시행령 제2조 제1항 제1호 및 제3호의 요건을 충족할 것
③ 자산총액이 5천억원 미만일 것

그 동안 중소기업은 조세특례제한법에서 제5조에서 규정한 업종을 영위하는 기업을 대상으로 조세지원을 하였다. 이러한 업종 제한을 통하여 지원하다가 2017년부터는 소비성서비스업을 제외한 모든 업종을 지원함으로써 증여세 과세특례가 적용되는 대상 업종은 상속세 및 증여세법 시행령 별표에서 지원대상 업종을 별도로 규정하게 되었다. 구체적인 중소기업의 범위에 대하여는 제1절의 "가업상속공제가 적용되는 중소기업의 범위"을 참조하기 바란다.

(2) 중견기업도 증여세 과세특례 대상에 해당

증여세 과세특례가 적용되는 중견기업은 상속세및증여세법 시행령 제15조 제2항에 따른 중견기업을 말한다. 즉, 증여일이 속하는 법인세 사업연도의 직전 법인세 사업연도 말 현재 다음의 요건을 모두 갖춘 기업(이하 "중견기업"이라 한다)을 말한다

(상증령 §15 ②). 이 개정규정은 2025.2.28. 증여분부터 적용한다. 동 규정 개정전에는 상속세 및 증여세법 제18조의2 제1항에 따른 가업을 말한다.

① 상속세및증여세법 시행령 별표에 따른 업종을 주된 사업으로 영위할 것
② 조세특례제한법 시행령 제9조 제4항 제1호 및 제3호의 요건을 충족할 것. 즉, 중소기업, 공공기관·지방공기업이 아닐 것과 소유와 경영의 실질적인 독립성이 중견기업 성장촉진 및 경쟁력 강화에 관한 특별법 시행령 제2조 제2항 제1호에 따라 다음과 같이 소유와 경영의 실질적인 독립성이 다음의 어느 하나에 해당하지 아니하는 기업일 것

 ⓐ 독점규제 및 공정거래에 관한 법률 제31조 제1항에 따른 상호출자제한기업집단

 ⓑ 독점규제 및 공정거래에 관한 법률 시행령 제38조 제2항에 따른 상호출자제한기업집단 지정기준인 자산총액 이상인 기업 또는 법인(외국법인을 포함한다)이 해당 기업의 주식(상법 제344조의3에 따른 의결권 없는 주식은 제외한다) 또는 출자지분의 100분의 30 이상을 직접적 또는 간접적으로 소유하면서 최다출자자인 기업. 이 경우 최다출자자는 해당 기업의 주식등을 소유한 법인 또는 개인으로서 단독으로 또는 다음의 어느 하나에 해당하는 자와 합산하여 해당 기업의 주식등을 가장 많이 소유한 자로 하며, 주식등의 간접소유비율에 관하여는 국제조세조정에 관한 법률 시행령 제2조 제3항을 준용한다.

  ㉠ 주식 등을 소유한 자가 법인인 경우: 그 법인의 임원
  ㉡ 주식 등을 소유한 자가 개인인 경우: 그 개인의 친족

③ 증여일의 직전 3개 소득세 과세기간 또는 법인세 사업연도의 매출액의 평균금액이 5천억원 미만인 기업일 것. 여기서 "매출액은 기업회계기준에 따라 작성한 손익계산서상의 매출액으로 하며, 소득세 과세기간 또는 법인세 사업연도가 1년 미만인 소득세 과세기간 또는 법인세 사업연도의 매출액은 1년으로 환산한 매출액을 말한다. 다만, 창업·분할·합병의 경우 그 등기일의 다음 날(창업의 경우에는 창업일)이 속하는 과세연도의 매출액을 연간 매출액으로 환산한 금액을 말한다. 이 경우 중소기업기본법상 관계기업이 증여세 과세특례가

적용되는 법인에 해당하는지 여부는 개별기업의 매출액을 기준으로 판단한다(재재산-441, 2017.7.20.; 법령해석과-993,2017.4.12.).

(3) 합병한 경우 가업승계 특례 적용방법

10년 이상 경영한 기업(A)과 10년 미만 경영한 기업(B)이 합병 후, 그 합병존속법인(A)의 주식을 증여받는 경우 가업승계 증여세특례(조특법§30의6)가 적용되는 것이며, 증여세 과세특례가 적용되는 주식등은 합병전에 A법인이 발행한 주식에 한정한다(기획재정부 재산세제과-1459, 2024.12.23.)

┃증여세 과세특례 대상 중견기업 매출액 개정연혁┃

구분	개정내용	비고
2011~2012년	직전 사업연도 1,500억원 미만	
2013년	직전 사업연도 2,000억원 미만	
2014~2016년	직전 사업연도 3,000억원 미만	
2017~2021년	직전3개 사업연도 평균 매출액이 3,000억원 미만	
2022년	직전3개 사업연도 평균 매출액이 4,000억원 미만	
2023년	직전3개 사업연도 평균 매출액이 5,000억원 미만	

2. 가업재산의 범위

(1) 증여재산은 주식·출자지분이어야 함

(가) 법인의 주식 또는 출지지분만 해당

가업승계에 따른 증여세 과세특례를 적용할 때 증여재산의 종류는 주식 또는 출자지분에 한하고 있다. 이 경우 주식은 주식회사의 지분을 말하며, 출자지분이라 함은 합명, 합자, 유한회사의 출자지분을 말한다. 그러므로 중소기업인 가업을 개인기업 형태로 영위하는 경우에는 가업의 승계에 따른 증여세 과세특례규정이 적용되지 않는다(재산-1556, 2009.07.27.).

(나) 증여자의 증여세 과세특례 대상 주식 등의 보유기간

최근 법원은 "증여자가 증여 대상 주식을 10년 이상 보유하여야 한다는 요건은 조세특례제한법 제30조의6 가업승계 증여세 과세특례 요건이 아니다"라고 판시(서울행법2021구합53771, 2021.10.15.)한 바 있으며, 기획재정부는 가업상속에 해당되는 법인의 경우 해당 법인 주식 중 피상속인이 직접 10년 이상 보유한 주식에 대해서만 가업상속공제가 적용되는지 여부에 대하여 "2022.1.5.이후 결정·경정분 부터 해당 법인 주식 중 피상속인이 10년 이상 보유하지 않은 주식에 대해서도 적용된다"라고 해석(기획재정부 조세법령운용과-10, 2022.01.05.)하였다. 따라서 과세특례대상 주식을 증여자가 반드시 10년 이상 보유하지 않아도 된다.

(2) 가업자산상당액이어야 함

(가) 주식등 가액 중 사업용 자산비율에 상당하는 가액만 증여세 과세특례 적용

2014.2.21. 이후 증여분부터 가업승계에 대한 증여세 과세특례가 적용되는 재산의 가액은 증여받은 주식 또는 출자지분 중 상속세및증여세법 시행령 제15조 제5항 제2호에 따라 계산한 가업(법인세법을 적용받은 가업)에 해당하는 법인의 주식 등의 금액을 말한다. 즉, 증여받은 주식 등의 가액에 그 법인의 총자산가액 중 증여일 현재 사업무관자산)을 제외한 자산가액이 그 법인의 총자산가액에서 차지하는 비율을 곱하여 계산한 금액에 해당하는 것을 말한다(조특령 §27조의6 ⑩).

> 주식 등 가액 × (1 - 법인의 총자산가액중 사업무관자산이 차지하는 비율)

(나) 사업무관자산의 범위

사업무관자산이란 다음의 어느 하나에 해당하는 자산을 말하며, 법인의 총자산가액 및 사업무관자산은 증여일 현재 상속세및증여세법 제60조부터 제66조에 따라 평가한 가액을 말한다.(상증령 §15 ⑥ 2).

1) 법인세법상 토지등 양도소득에 대한 과세특례가 적용되는 자산

법인세법 제55조의2(토지등 양도소득에 대한 과세특례)에 해당하는 자산은 사업무관자산에 해당한다.

2) 업무관련 없는 자산 및 임대부동산

법인세법 시행령 제49조(업무와 관련이 없는 자산의 범위 등)에 해당하는 자산 및 타인에게 임대하고 있는 부동산(지상권 및 부동산임차권 등 부동산에 관한 권리를 포함한다)은 사업무관자산에 해당한다.

그러나 2025.2.28.이후 증여분부터 해당 법인이 소유한 주택(주택법 제2조 제6호에 따른 국민주택규모 이하인 주택 또는 증여일 현재 소득세법 제99조 제1항에 따른 기준시가가 6억원 이하인 주택으로 한정한다)으로서 해당 법인의 임원 및 직원에게 5년 이상 계속하여 무상으로 임대하고 있는 주택은 사업무관자산에 해당되지 않는다. 이 경우 "임원 및 직원"에는 다음의 어느 하나에 해당하는 자는 제외한다.

① 해당 법인의 발행주식총수 또는 출자총액의 100분의 1 이상의 주식등을 소유한 주주등
② 해당 법인의 상속세및증여세법 제63조 제3항 전단에 따른 최대주주 또는 최대출자자와 같은법 시행령 제2조의2 제1항 제1호의 관계에 있는 자

3) 대여금

법인세법 시행령 제61조 제1항 제2호에 해당하는 자산 즉, 대여금(금전소비대차계약 등에 의하여 타인에게 대여한 금액)은 사업무관자산에 해당한다.

다만, 2025.2.28.이후 증여분부터 임원 및 직원[상기 2)의 "임원 및 직원"의 범위와 동일하다]에게 대여한 다음의 어느 하나에 해당하는 자산은 제외한다.

① 임직원 본인 또는 자녀의 학자금
② 주택(대여일 당시 소득세법 제99조 제1항에 따른 기준시가가 6억원 이하인 주택으로 한정한다)에 대한 전세금(주택의 등기를 하지 않은 전세계약에 따른 임대차보증금을 포함한다)

4) 과다보유현금

과다보유현금은 사업무관자산에 해당한다. 이 경우 과다보유현금이란 증여일 직전 5개 사업연도 말 평균 현금(요구불예금 및 취득일부터 만기가 3개월 이내인 금융상품을 포함한다)보유액의 200%(2025.2.28.전에 증여한 경우에는 150%)를 초과하는 것을 말한다.

5) 영업활동과 관련없이 보유한 주식, 채권, 금융상품

법인의 영업활동과 직접 관련이 없이 보유하고 있는 주식, 채권 및 금융상품[다만 상기 4)의 현금에 해당하는 것은 제외한다]은 사업무관자산에 해당한다.

자회사 주식이 사업무관자산에 해당하는지 여부

기획재정부는 「상속세 및 증여세법」 제18조의2 및 같은 법 시행령 15조 제5항 제2호 마목을 적용할 때, "법인의 영업활동과 직접 관련이 없이 보유하고 있는 주식등"에 해당하는지 여부는 해당 주식이 그 법인의 영업활동과 직접 관련이 있는지 여부를 고려하여 판단하는 것이다」 해석(기획재정부 재산세제과-191, 2025.03.12.)하고 있다.

법원도 "가업상속공제 적용대상 주식 판단시 영업활동과 직접 관련이 없이 보유하고 있는 주식은 그 문언 그대로 영업활동과 직접 관련이 있는지 여부만으로 판단하여야 하며, 이 사건 쟁점지분은 지분법적용투자주식으로 분류된 지분증권으로 오히려 투자기업의 영업활동과 직접 관련이 있을 가능성이 높은 것으로 볼 수 있으므로 영업활동과 직접 관련이 없이 보유하고 있는 주식에 해당하지 아니한다"라고 판시(대법 2018두39713, 2018.7.13.: 서울고법 2017누71125, 2018.3.13. :서울행법 2016구합80595, 2017.8.25.)하고 있다. 따라서 자회사 주식이 가업상속공제 대상 법인의 영업활동과 직접 관련이 있다는 것을 입증하면 가업상속공제 대상이 된다는 것이 판례의 입장이다.

또한 법원은 "법인의 영업활동과 직접 관련하여 보유하고 있는 주식은 법인의 제품의 생산활동, 상품·용역의 구매 및 판매활동 등과 직접 관련하여 보유하는 주식을 의미하고, 투자활동이나 재무활동과 관련하여 보유하는 주식, 법인이 단순히 관계회사에 대한 지배권, 경영권을 보유할 목적으로 보유하고 있는 주식은 제외된다고 판시(대법원2021두52389, 2021.12.30.)한바 있다.

조세심판원도 청구외법인의 해외 현지법인은 청구외법인이 100% 출자하여 설립된 자회사로서 실질적으로 청구외법인의 해외 생산공장으로 운영되고 있는 점 등에 비추어 처분청에서 쟁점①주식을 청구외법인의 영업활동과 직접 관련이 없는 것으로 본 처분에는 잘못이 있다고 판단된다고 결정(조심 2018서4162, 2020.6.19.)한 바 있으며, 이외에도 쟁점법인은 미국 주요 완성차업체와 거래하고 있는 AAA를 인수함으로써 북미 시장에 대한 접근성을 강화하고 글로벌 시장에 참여할 수 있는 계기가 될 수 있어 보이고, 서로의 지식과 기술,

> 영업전략 등을 향상시키기 위하여 쟁점법인과 AAA가 공동으로 참여하는 영업전략 회의나 워크샵 등을 지속적으로 실시한 사실이 나타나는 점 등에 비추어 쟁점지분은 쟁점법인의 영업활동과 직접 관련이 있어 보이므로 이를 가업상속공제 대상에서 제외하여 과세한 처분은 잘못이 있다고 결정(조심 2020전1852, 2021.12.14.)한 바 있다.

(다) 주식 등 가액 중 사업무관자산에 상당하는 가액은 일반 증여세율 적용

주식등 가액중 사업용 자산비율에 상당하는 가액을 제외한 가액 즉, 사업무관자산에 상당하는 주식 등 가액은 일반 증여재산으로서 일반세율을 적용하여 증여세 계산 및 신고해야 한다. 이 경우 동일인으로부터 10년 이내 증여받은 다른 증여재산과 합산하는 등 일반증여재산과 동일하게 취급된다.

(라) 가업승계 증여세 신고후 결정과정에서 사업용자산비율 변경시 가산세 적용방법

가업승계에 대한 증여세 과세특례를 적용하여 증여세 신고한 경우로서 과세관청의 결정과세정에서 사업용자산비율이 낮아진 경우로서 증여세 과세특례 대상 증여세는 감액이 되고 일반세율 적용대상 증여세는 증액된 경우 일반세율 적용대상 증여세에 대한 과소신고 및 납부지연가산세는 감액된 특례대상 증여세를 일반세율 적용대상 증여세액에서 차감한 후의 과소신고납부세액에 대하여만 신고·납부불성실가산세를 부과하는 것이 타당하다(조심2019서1912, 2019.09.09.).

3. 증여자·수증자의 요건

(1) 증여자 요건

(가) 60세 이상의 부모가 10년 이상 계속하여 최대주주로서 가업 경영해야 함

가업승계에 대한 증여세 과세특례규정을 적용할 때에 증여자는 60세 이상의 부모(증여 당시 부 또는 모가 사망한 경우에는 사망한 부 또는 모의 부모를 포함한다)로서 증여자인 60세 이상의 부 또는 모가 각각 10년 이상 계속하여 기업을 경영한 경우에 적용된다. 여기서 경영이란 단순히 지분을 소유하는 것을 넘어 가업의 효과적이고 효율적인 관리 및 운영을 위하여 실제 가업운영에 참여한 경우를 의미한다

(서면-2019-상속증여-2249, 2019.10.7.). 국세청은 "증여자인 부모가 반드시 증여일 현재 가업에 종사하여야 하는 것은 아니다"라고 해석(서면-2022-상속증여-2304, 2022.7.4.)하고 있다.

(나) 증여자의 10년 이상 계속하여 최대주주로서 지분율 요건

증여자는 중소기업 또는 중견기업의 최대주주등인 경우로서 증여자와 그의 특수관계인의 주식등을 합하여 해당 기업의 발행주식총수등의 100분의 40[자본시장과 금융투자업에 관한 법률 제8조의2 제2항에 따른 거래소에 상장되어 있는 법인이면 100분의 20][15] 이상을 10년 이상 계속하여 보유해야 한다.

상기에서 "최대주주 등"이라 함은 주주 등 1인과 그의 특수관계인(상속세및증여세법 시행령 제2조의2 제1항 각호 어느 하나에 해당하는 관계가 있는 자를 말한다)의 보유주식 등을 합하여 그 보유주식 등의 합계가 가장 많은 경우의 해당 주주 등 1인과 그의 특수관계인 모두를 말한다. 가업승계에 따른 증여세 과세특례 적용시 최대주주등의 구성원이 변경되더라도 주식 보유 요건을 충족할 수 있는 것이다(서면-2022-상속증여-4263, 2024.01.19.).

(다) 증여자의 대표이사 재직요건

가업의 영위기간(상속세 및 증여세법 시행령 별표에 따른 업종으로서 한국표준산업분류상 동일한 대분류 내의 다른 업종으로 주된 사업을 변경하여 영위한 기간을 합산한다) 중 다음의 어느 하나에 해당하는 기간을 대표이사로 재직해야 한다. 동 개정규정은 2025.2.28.이후 증여분부터 적용된다.

① 100분의 50 이상의 기간
② 증여일부터 소급하여 10년 중 5년 이상의 기간

(라) 개인사업자가 법인으로 전환한 경우 가업영위기간 통산

증여자가 가업을 10년 이상 계속하여 영위하였는지를 판단할 때, 증여자가 개인

---

15) 2022년 이전 증여는 100분의 50, 거래소에 상장되어 있는 법인이면 100분의 30(2010.12.31. 이전은 100분의 40)] 이상 보유하여야 한다(재산-2390, 2008.8.22.).

사업자로서 영위하던 가업이 동일한 업종의 법인으로 전환된 경우로서 증여자가 법인설립일 이후 계속하여 당해 법인의 최대주주 등에 해당하는 경우에는 개인사업자로서 가업을 영위한 기간을 포함하여 계산한다(서면4팀-998, 2008.4.22.). 일부 사업용 자산을 제외하고 법인전환을 하였다 하더라도 법인이 전환후에 동일한 업종을 영위하는 등 가업의 영속성이 유지되는 경우에는 피상속인이 개인사업자로서 영위한 기간을 가업영위기간에 포함하여 계산한다(기획재정부 재산세과-725, 2019.10.28.).

(2) 수증자 요건

수증자는 증여일 현재 18세 이상으로서 거주자인 자녀이어야 한다. 종전에는 수증자가 2인 이상인 경우에는 1인에 한하여만 적용되었으나(재산-2391, 2008.8.22.). 2020년부터는 수증자가 2인 이상인 경우에도 적용된다. 다만, 2인 이상의 수증자가 가업을 승계하는 경우 대표이사로 취임하는 등 가업승계 요건을 모두 충족한 수증자의 승계지분에 대해 가업승계에 대한 증여세 과세특례를 적용한다(서면-2020-상속증여-5330, 2021.4.30.).

가업승계에 따른 증여세 과세특례규정이 시행되기 전(2007년 이전)에 이미 자녀가 일부 주식을 부모로부터 증여받으면서 회사의 임원에 취임하여 사실상 가업승계가 진행 중에 있는 경우에도 추가로 부모로부터 주식을 증여받을 경우에는 국세청은 해당 주식을 이미 보유하고 있는 "수증자가 가업의 승계를 목적으로 주식 등을 증여받기 전에 해당 기업의 대표이사로 취임한 경우에도 적용된다"라고 해석(재산-1931, 2008.7.28.)한 바 있다. 또한 수증자는 2011년부터는 동일한 법인의 최대주주 등이 보유한 주식을 증여한 경우 수증자 1인에게만 증여세 과세특례가 적용되도록 하여 본인이 먼저 증여받아 가업을 승계한 경우에는 추가로 최대주주인 삼촌이 그의 자녀에게 주식 등을 증여하는 경우에도 삼촌의 자녀는 적용되지 않는다.

4. 수증자의 가업 승계요건

가업의 승계는 18세 이상인 수증자가 60세 이상의 부모로부터 주식 등을 증여받고 상속세및증여세법 제68조에 따른 증여세 과세표준 신고기한까지 가업에 종사하고 증여일로부터 3년(2022년 이전 증여분은 5년)이내에 대표이사에 취임하는 것을 말한다. 다만, 2015.2.3. 이후 증여분부터 주식 등은 자녀가 증여받고, 수증자의 배우자가 증여세 과세표준 신고기한까지 가업에 종사하고 증여일로부터 3년(2022년 이전 증여분은 5년) 이내에 대표이사에 취임하여도 가업승계한 것으로 본다(조특령 §27의6 ①). 이 경우 수증자가 가업의 승계를 목적으로 주식 등을 증여받기 전에 해당기업의 대표이사로 취임한 경우에도 적용된다(서면상속증여-2424, 2016.5.10.). 여기서 대표이사에 취임한다는 것은 반드시 법인등기부등본에 등재되어야 함을 유의해야 한다(조심 2017부3614, 2017.12.11.). 또한 다른 회사 겸직도 가능하다(서면-2020-상속증여-3200, 2020.9.29.).

5. 과세특례는 증여세 과세가액 기준 300억원 ~ 600억원 한도로 함

가업승계에 대한 증여세 과세특례는 증여세 과세가액을 기준으로 부모의 가업의 경영기간에 따라 다음의 구분에 따른 금액을 한도로 한다(조특법 §30의6 ①).
① 부모가 10년 이상 20년 미만 계속하여 경영한 경우: 300억원
② 부모가 20년 이상 30년 미만 계속하여 경영한 경우: 400억원
③ 부모가 30년 이상 계속하여 경영한 경우: 600억원

증여세 과세가액이라 함은 원칙적으로 증여재산가액에서 부담부증여시 인수한 채무를 차감하고 동일인으로부터 10년 이내에 재차증여재산을 합산한 가액을 의미한다. 그러나 여기서는 증여세 과세특례가 적용된 주식 등을 2회 이상 증여받은 경우 그 합산한 가액에서 수증자가 인수한 채무액이 있는 경우 그 채무액을 차감한 가액으로 계산한다.

6. 조세포탈 또는 회계부정 행위로 징역형 또는 벌금형을 선고받은 경우 증여세 과세특례 배제

(1) 가업승계 증여세 과세특례 적용배제 또는 증여 추징대상

거주자 또는 부모가 가업의 경영과 관련하여 조세포탈 또는 회계부정 행위로 징역형 또는 "대통령령으로 정하는 벌금형"을 증여일 전 10년 이내 또는 증여일부터 5년 이내의 기간 중의 행위로 징역형 또는 대통령령으로 정하는 벌금형을 선고받고

그 형이 확정된 경우에는 다음의 구분에 따라 가업승계에 대한 증여세 과세특례를 배제하거나 또는 이자상당액까지 포함하여 증여세가 추징된다(조특법 §30의6 ④). 이 규정은 기업인의 성실경영책임을 강화하고자 가업상속공제에는 2020.1.1. 이후 상속 개시분부터 적용하고 있으며, 가업승계에 대한 증여세 과세특례에서는 2024.1.1. 이후 증여분부터 적용한다.

① 상속세및증여세법 제76조에 따른 과세표준과 세율의 결정이 있기 전에 거주자 또는 부모에 대한 형이 확정된 경우에는 가업승계에 대한 증여세 과세특례를 적용하지 아니한다.

② 가업승계에 대한 증여세 과세특례를 적용받은 후에 거주자 또는 부모에 대한 형이 확정된 경우에는 증여받은 주식등의 가액에 대하여「상속세 및 증여세법」에 따라 증여세를 부과한다. 이 경우 대통령령으로 정하는 바에 따라 계산한 이자상당액을 증여세에 가산하여 부과한다.

┃ 탈세·회계부정 행위에 따른 가업승계에 대한 증여세 과세특례 효과 ┃

탈세·회계부정 행위 시기	형 확정시기	효과
공제 전 행위	가업승계 증여세 과세특례 적용 전	공제 배제
	가업승계 증여세 과세특례 적용 후	추징
사후관리기간 중 행위	사후관리 기간 중	추징
	사후관리 기간 이후	추징

☞ 범죄행위 시기 : 증여일 10년 전부터 증여일부터 5년까지

(2) 조세포탈 또는 회계부정 행위의 범위

조세포탈 또는 회계부정 행위란 아래와 같이 조세범 처벌법 제3조 제1항 또는 주식회사 등의 외부감사에 관한 법률 제39조 제1항에 따른 죄를 범하는 것을 말하며, 증여일 전 10년 이내 또는 증여일부터 5년 이내의 기간 중의 행위로 한정한다(조특법 §30의6 ④).

(가) 조세포탈 행위의 범위

조세포탈 행위란 조세범 처벌법 제3조 제1항에 따른 죄를 범하는 것을 말한다. 즉, 사기나 그 밖의 부정한 행위로써 조세를 포탈하거나 조세의 환급·공제를 받은 자는 2년 이하의 징역 또는 포탈세액, 환급·공제받은 세액 즉, 포탈세액 등의 2배 이하에 상당하는 벌금에 처한다. 다만, 다음의 어느 하나에 해당하는 경우에는 3년 이하의 징역 또는 포탈세액등의 3배 이하에 상당하는 벌금에 처한다.

① 포탈세액등이 3억원 이상이고, 그 포탈세액 등이 신고·납부하여야 할 세액(납세의무자의 신고에 따라 정부가 부과·징수하는 조세의 경우에는 결정·고지하여야 할 세액을 말한다)의 100분의 30 이상인 경우
② 포탈세액등이 5억원 이상인 경우

(나) 회계부정 행위의 범위

회계부정 행위란 주식회사 등의 외부감사에 관한 법률 제39조 제1항에 따른 죄를 범하여 받은 벌금형(재무제표상 변경된 금액이 자산총액의 100분의 5 이상인 경우로 한정한다)을 받은 경우를 말한다. 주식회사 등의 외부감사에 관한 법률 제39조 제1항에 따른 죄란 상법 제401조의2 제1항 및 제635조 제1항에 규정된 자나 그 밖에 회사의 회계업무를 담당하는 자가 제5조에 따른 회계처리기준을 위반하여 거짓으로 재무제표를 작성·공시하거나 감사인 또는 그에 소속된 공인회계사가 감사보고서에 기재하여야 할 사항을 기재하지 아니하거나 거짓으로 기재한 경우에는 10년 이하의 징역 또는 그 위반행위로 얻은 이익 또는 회피한 손실액의 2배 이상 5배 이하의 벌금에 처해진 것을 말한다.

(3) 이자상당액의 계산

가업승계에 대한 증여세 과세특례를 적용받은 후에 거주자 또는 부모에 대한 형이 확정된 경우에는 증여받은 주식등의 가액에 대하여 「상속세 및 증여세법」에 따라 증여세를 부과한다. 이에 따라 거주자는 거주자 또는 부모에 대한 형이 확정된 날이 속하는 달의 말일부터 3개월 이내에 다음과 같이 계산한 해당 증여세와 이자상당액을 납세지 관할 세무서, 한국은행 또는 체신관서에 납부하여야 한다. 다만, 이미 증여

세와 이자상당액이 부과되어 납부된 경우에는 그러하지 아니하다(조특령 §27의6 ⑪).

$$이자상당액 = 증여세 \times 적정이자율 \times \frac{증여세\ 신고기한의\ 다음날부터\ 추징사유가\ 발생한\ 날까지의\ 시간}{365}$$

7. 주식 등에 대한 증여세 과세특례 적용의 신청요건

가업의 승계로 증여받은 주식 등에 대하여 증여세 과세특례를 적용받고자 하는 자는 증여세과세표준 신고기한까지 증여세과세표준신고와 함께 증여세 과세특례가 적용된 주식 등에 대한 특례신청서를 납세지 관할 세무서장에게 제출하여야 한다(조특법 §30의6 ④). 이 규정은 의무규정으로 그 신고기한까지 특례신청서를 제출하지 아니한 경우에는 이 증여세 특례규정을 적용받지 못하게 된다(상속증여-1848, 2017.7.28.).

8. 법인전환 또는 중소기업간 통합에 따른 양도소득세 이월과세 적용 후 5년 이내에 가업승계한 경우에도 양도소득세 및 취득세 추징 제외

조세특례제한법 제31조에 따른 중소기업 간의 통합에 대한 양도소득세의 이월과세를 적용받거나 또는 같은법 제32조에 따른 법인전환에 대한 양도소득세의 이월과세를 적용받은 후 5년 이내에 주식을 증여하는 경우에도 해당 내국인이 가업의 승계를 목적으로 해당 가업의 주식 또는 출자지분을 증여하는 경우에 해당하여 수증자가 같은 법 제30조의6에 따른 증여세 과세특례를 적용받은 경우에는 양도소득세 사후관리 위반에 해당되지 않으므로 양도소득세가 추징되지 않는다. 2015.2.3 이후 양도분부터 적용된다(조특령 §28 ⑪, §29 ⑦).

이 경우 특례적용받은 취득세도 지방세특례제한법 시행령 제28조의2 제3항 제4호에 의하여 추징되지 않는다.

[별지 제11호의8서식] (2024. 3. 22.개정)

가업승계 주식 등 증여세 과세특례 적용신청서

가. 가업현황

상 호(법인명)		사업자등록번호	
성 명(대표이사)		생 년 월 일	
개 업 연 월 일		업 종	

나. 중소기업 또는 중견기업 여부(해당되는 곳에 √표 기재)

중 소 기 업 여 부	[ ]해당 [ ]해당안됨	상장여부 (상장일)	[ ]상장(. .) [ ]비상장
중 견 기 업 여 부	[ ]해당 [ ]해당안됨	직전 3개 사업연도 평 균 매 출 액	

다. 증여자

성 명		주 민 등 록 번 호	
가 업 영 위 기 간		대 표 이 사 재 직 기 간	
최대주주등 여부		특수관계인포함 보유 주 식 등 지 분 율	

라. 수증자

성 명		주 민 등 록 번 호	
증여자와의 관계		임원/대표이사 취임일	
주 소		(☎	)

마. 가업법인 주식등 증여세 과세가액

수증일	㉮ 수량	지분율	㉯ 단가	① 주식 등 가액 (㉮×㉯)	② 과세특례 적용대상 증여세 과세가액

「조세특례제한법」 제30조의6제5항에 따라 위와 같이 가업승계 주식등에 대한 증여세 과세특례를 신청합니다.

년   월   일

신청인   (서명 또는 인)

세무서장 귀하

신청인 제출서류	1. 가업법인의 중소기업기준검토표(「법인세법 시행규칙」 별지 제51호서식을 말합니다) 2. 가업법인의 증여일 현재와 직전 10년간의 사업연도의 주주현황 각 1부 3. 그 밖에 가업승계 사실을 입증할 수 있는 서류	수수료 없음

작성방법

1. "가. 가업현황"에서 '업종'은 「상속세 및 증여세법 시행령」 별표에 따른 업종 중에서 해당 업종을 적습니다.
2. "나. 중소기업 또는 중견기업 여부"에서 '중소기업'은 「조세특례제한법 시행령」 제2조제1항제1호 및 제3호의 요건을 모두 충족하고 자산총액이 5천억원 미만인 기업을 말합니다.
3. "나. 중소기업 또는 중견기업 여부"에서 '중견기업'은 「조세특례제한법 시행령」 제9조제4항제1호 및 제3호의 요건을 모두 충족하고 증여일이 속하는 법인세 사업연도의 직전 3개 사업연도의 매출액 평균금액이 5천억원 미만인 기업을 말합니다.
4. "마. 가업법인 주식등 증여세 과세가액"에는 「조세특례제한법」 제30조의6제2항에 따라 주식등을 증여받고 가업을 승계한 거주자가 2인 이상인 경우에는 각 거주자가 증여받은 주식등을 1인이 모두 증여받은 것으로 보아 전체 가업법인 주식등 증여세 과세가액을 적습니다.
5. "마. 가업법인 주식등 증여세 과세가액 ① 주식 등 가액"란은 증여일 현재 「상속세 및 증여세법」에 따라 평가한 가액을 적습니다.
6. "마. 가업법인 주식등 증여세 과세가액 ② 과세특례 적용대상 증여세 과세가액"란은 "가업증여 과세특례 증여재산 평가 및 과세가액 계산명세서(「상속세 및 증여세법 시행규칙」 별지 제10호의2서식 부표 2)"의 ⑫의 금액을 적습니다.

210mm×297mm[백상지 80g/㎡]

제2절 가업의 승계에 대한 증여세 과세특례

┃가업승계에 대한 증여세 과세특례 요건 검토┃

구분		검토 항목	충족 여부
가업요건	공통	① 법인사업자 여부	여/부
		② 10년 이상 계속하여 경영한 기업	여/부
		③ 상증령 별표에 따른 업종을 주된 사업으로 영위	여/부
		④ 10년 이내 조세포탈 또는 회계 부정행위로 징역형 또는 주식회사 등의 외부감사에 관한 법률 제39조1항에 따른 죄(거짓으로 재무제표를 작성·공시등)에 해당하지 않을 것	여/부
	중소기업	① 자산총액 5천억원 미만	여/부
		② 조특령 §2①1,3호요건(매출액, 독립성 기준)을 충족	여/부
	중견기업	① 직전 3개 사업연도 매출액 평균 5천억원 미만	여/부
		② 조특령 §9④1,3호요건(독립성 기준)을 충족	여/부

⇒ 10년 이상 가업 해당업종 영위 & 매출액 5천억원 이하 & 독립성 기준 충족 필요

증여자		① 60세 이상 부모	여/부
		② 증여일 현재 10년 이상 계속 경영 및 대표이사 재직요건 충족할 것	여/부
주식보유		증여자와 그의 특수관계인의 주식 등을 합하여 비상장기업은 40%(상장기업 20%) 이상 주식 10년 이상 계속 보유	여/부
가업승계자 (수증자)		① 18세 이상	여/부
		② 증여세 신고기한까지 가업에 종사	여/부
		③ 증여일로부터 3년 이내 대표이사 취임	여/부

(검토내용)
모든 항목 충족시 가업의 승계에 대한 증여세 과세특례 가능

☞ 국세청 2024년 발간 "가업승계 지원제도 안내" P.61.

사례 11 가업승계 과세특례 적용후 상장차익 있는 경우 증여세 계산방법

기본사항

□ 사실관계
- 甲(65세)은 乙법인(중소기업)을 10년이상 경영하고 있으며, 甲의 주식지분율은 60%(60,000주)임.
- 乙법인의 주식 1주당 가액은 @150,000원이며, 乙법인의 사업용 자산비율은 80%임
- 乙법인은 현재 급성장하고 있어 자녀 丙에게 미리 가업승계를 하고자 함
- 甲이 보유한 주식중 35,000주를 자녀 丙에게 가업승계목적으로 2025.01.14. 증여함.
- 乙법인은 2027.11.05.에 코스닥시장에 상장이 되었으며 정산기준일(2028.2.5.) 현재 1주당 가액은 @315,000원이며, 1주당 기업가치 증가분은 @10,000원임

질의 이 경우 각 증여일마다 증여세 과세특례 금액과 증여세 과세방법은 ?

해설
1. 증여세 과세특례 금액 : (@150,000×35,000)×(1-20%)=42억원
2. 2025.01.14. 증여세 부담액(①+②) : 552,800,000원
   ① 주식가액중 증여세 과세특례 부분: (42억원-10억원)×10%=3.2억원
   ② 주식가액 중 비사업용자산 부분
   - (@150,000×35,000)×(1-80%)=10.5억원
   - (10.5억원-0.5억원)×30%-0.6억원=2.4억원
   - 2.4억원 - 720만원= 232,800,000원
3. 2028.02.05. 증여세 과세방법
   ① 특례대상 상장이익에 대한 증여세
   - 주식의 상장 등에 따른 이익: (@315,000-@150,000-@10,000)×35,000= 54.25억원
   - 추가 특례대상 상장등에 따른 이익 : 54.25억원×(1-20%)=43.4억원
   - 주식의 상장 등에 따른 이익에 대한 추가 과세특례:
     ① 특례대상 증여세 과세가액: 42억원+43.4억원= 85.4억원
     ② 증여세산출세액: 7.54억원=(85.4-10억원)×10%
     ③ 증여세 과세특례 대상 증여세 = 7.54억원 - 3.2억원*= 4.34억원
        * 기납부세액 : 3.2억원
        * 특례대상 상장이익은 당초 특례 주식가액과 합하여 100억원을 한도로 함
   ② 비사업용자산에 상당하는 상장이익에 대한 증여세
   - 비사업용자산에 상당하는 상장 등에 따른 이익 54.25억원×(1-80%)= 10.85억원
   - 증여세 과세표준: (10.85억원-0.3억원) = 10.55억원
   - 증여세 산출세액 : 10.55억원×40%-1.6억원=2.62억원
   ☞ 상장등에 따른 이익은 합산배제증여재산으로 2025.01.14. 증여분과 합산하지 않음

제2절 가업의 승계에 대한 증여세 과세특례

예규·판례

01 부친 사망에 따른 가업상속공제 적용 후 가업승계 당시 최대주주인 모친이 다른 자녀에게 가업주식 증여 시, 가업의 승계에 대한 증여세 과세특례를 적용받을 수 없는 것임(기획재정부 재산세제과-722, 2023.05.25.).

02 수증자가 이미 주식의 50% 이상을 보유하고 대표이사로 재직중이라 하더라도 부모가 10년 이상 계속하여 경영한 기업으로 상증법 18조 2항 1호의 요건을 충족하는 기업의 주식을 자녀에게 증여하는 경우 증여세과세특례가 적용되는 것임(서면법령재산-2596, 2016.12.09.).

03 가업승계에 따른 증여세 과세특례 적용시 최대주주등의 구성원이 변경되더라도 주식 보유 요건을 충족할 수 있는 것임(서면-2022-상속증여-4263, 2024.01.19.).

04 가업승계 주식 증여 후 인적분할하는 경우 수증자는 분할 및 신설법인에 모두 대표이사로 취임하여야 하며, 가업승계 증여세 과세특례 대상 주식 증여 후 사망한 경우 가업상속공제를 적용할 때 피상속인의 대표이사 재직요건은 적용하지 아니하나, 이는 증여세 과세특례를 받은 해당 주식 등에 한정함(서면-2019-상속증여-2995, 2020.09.01.).

05 개인사업체를 증여받은 경우에는 조세특례제한법 제30조의6의 가업의 승계에 대한 증여세 과세특례규정이 적용되지 아니함(재산-1556, 2009.07.27.).

06 공동사업을 경영하던 부와 모의 지분 중 모 지분 증여로 가업승계 증여세 특례을 받은 후 부의 지분을 재차 증여받는 경우에는 가업승계 증여세 특례를 적용할 수 없는 것임(서면-2021-법규재산-4361, 2022.06.29.).

07 가업승계 증여세 특례 적용시 확정급여형 퇴직연금제도(DB)를 설정한 법인의 퇴직연금 운용자산은(기준책임준비금의 150% 초과분은 제외) 사업무관자산에 해당하지 아니함(기획재정부 재산세제과-1121, 2022.09.14.).

08 중소기업에 해당하는 법인이 인적분할한 경우 해당 분할신설법인의 사업영위기간은 분할 전 분할법인의 가업영위기간 기산일부터 계산하여 가업의 승계에 대한 증여세 과세특례 및 가업상속공제를 적용하는 것임(서면-2021-상속증여-5261, 2022.04.29.).

09 해외유학중인 자녀가 부모로부터 가업요건을 충족한 비상장 중소기업 주식을 증여받는 경우에도 가업승계에 따른 증여세과세특례가 적용되며, 가업승계 후 경영사정 등으로 폐업하는 경우에는 증여세 등을 부과하는 것임(재산-224, 2010.04.07.).

10 가업상속공제후 균등유상감자를 한 경우는 상속인의 지분이 감소한 경우로서 상속세 추징대상에 해당함(기획재정부 재산세제과 -1575, 2022.12.23.)

11 증여세 과세특례규정을 적용함에 있어 증여자와 특수관계에 있는 자가 명의신탁한 주식이 있는 사실이 명백히 확인되는 경우에는 그 명의신탁한 주식을 포함하여 요건을 충족하는지 여부를 판단하는 것임(재산-897, 2010.12.02.).

12 가업승계에 대한 증여세 과세특례 사후관리 규정 중에서 수증자의 대표이사에 취임요건 적용할 때 다른 회사 겸직도 가능함(서면-2020-상속증여-3200, 2020.09.29.).

13 부(父)가 차남, 모(母)가 장남에게, 각각 경영하던 가업의 주식 등을 증여하여 가업을 승계함으로서 조특법§30의6 ① 등에 따른 요건을 충족한 경우에도, 조특법§30의6 ②에 따라 거주자 1인이 모두 증여받은 것으로 보아 증여세 계산(서면-2020-법규재산-5942, 2022.03.31.).

14 가업승계 증여세 과세특례를 적용함에 있어 가업에 해당하는 법인이 보유하고 있는 건설 중인 자산이 증여일 현재「상속세 및 증여세법 시행령」제15조 제5항 제2호 각목에 해당하지 않는 경우에는 사업무관자산으로 보지 않는 것임(서면-2019-상속증여-3355, 2020.02.06.).

15 청구인은 가업을 영위한 55년 동안 10년 이상 계속 유지한 기간이 있었으므로 쟁점기간을 제외하더라도 감면요건을 달성하였다고 주장하나 청구주장을 그대로 받아들일 경우 10년 이상 계속 해당 기업을 경영한 사업자가 여럿 있게 되는 경우에는 그 중 누구라도 해당 주식을 다시 취득하여 자식에게 증여한 경우 등까지 모두 감면 대상인 것으로 확대 해석되는바, 청구주장을 받아들일 수 없음(감심 2015-167, 2016.05.19.).

16 10년 이상 경영한 기업(A)과 10년 미만 경영한 기업(B)이 합병 후, 그 합병존속법인(A)의 주식을 증여받는 경우 가업승계 증여세특례(조특법§30의6)가 적용되는 것이며, 증여세 과세특례가 적용되는 주식등은 합병전에 A법인이 발행한 주식에 한정함(기획재정부 재산세제과-1459, 2024.12.23.).

17 조특법 가업승계 특례규정에 의하면 가업승계의 주체는 '자녀'외에 '자녀의 배우자'도 될 수 있으나 주식의 수증자는 '자녀'여야 함이 문언상 분명하고, 원고가 국세상담센터의 착오 답변에 의해 주식의 수증자가 자녀의 배우자인 경우에도 조세특례제한법 제30조의6 제1항이 적용된다고 믿은 것에 대해서 정당한 사유가 있다고 보기도 어려움(서울행법 2018구합88159, 2019.06.21.).

18 쟁점법인이 쟁점주식 증여 전부터 상당 규모의 시설투자를 진행한 사실이 확인되고, 이에 충당할 목적의 자금을 일시운영할 목적으로 쟁점금액을 취득하였다가 이후 실제 시설투자에 직접 사용된다면 사업무관자산으로 단정하기 어려움(조심2023전7461, 2023.08.02.).

19 제조업을 영위하는 법인이 가격경쟁력을 위하여 해외진출하는 과정제품의 경쟁력을 갖추기 위해 해외현지공장을 운영하는 것은 필요하고, 현지법령에 따라 지점설치가 불가능하여 자회사 설립형태로 진출할 수밖에 없는 것으로 보이며, 이 건 법인의 거래 비중 등에 비추어 쟁점법인은 이 건 법인의 현지공장 또는 판매법인 역할을 하는 것으로 보이므로 쟁점주식 보유는 영업활동과 직접 관련성이 있어 보임(조심2022서0229, 2022.08.16.).

20 가업승계에 따른 증여세 과세특례 적용후 사후관리 위반으로 증여세 추징된 후, 증여자 및 수증자의 요건을 다시 갖추어 부로부터 가업의 주식을 추가로 증여받는 경우 과세특례 한도 내에서 증여세 과세특례를 적용받을 수 있는 것임(법령해석재산-1801, 2016. 12.09.).

21 청구인이 당초 가업승계 증여세특례로 과다신고한 증여세 과세가액에 대한 증여세액이 xxx백만원이므로 xxx백만원은 청구인이 20xx.x.xx. 증여받은 쟁점주식에 대한 당초 신고세액으로 보이는 점 등에 비추어 위 xxx백만원을 차감한 후의 과소신고납부세액에 대하여만 신고·납부불성실가산세를 부과하는 것이 타당하다고 판단됨(조심2019서 1912, 2019.09.09.)

Ⅳ 가업을 승계한 주식등에 대한 5년간 사후관리

1. 증여세 과세특례 적용 후 사후관리규정 위반시 증여세 추징

주식등을 증여받은 자가 아래와 같이 가업을 승계하지 아니하거나 가업을 승계한 후 주식등을 증여받은 날부터 5년 이내에 정당한 사유 없이 아래 (2), (3), (4), (5)의 어느 하나에 해당하게 된 경우에는 그 주식등의 가액에 대하여 상속세및증여세법에 따라 증여세를 부과한다. 이 경우 이자상당액을 증여세에 가산하여 부과한다(조특법 §30의6 ③). 동 개정 규정은 다음의 요건을 모두 충족하는 자 및 2022.12.31. 이전에 증여를 받은 경우로서 2023.1.1. 이후 증여세 과세표준을 신고하는 자에 대해서도 적용한다.(부칙 §35).

① 2022.12.31. 이전에 조세특례제한법 제30조의6 제1항에 따른 과세특례를 적용받았을 것
② 2023.1.1. 당시 주식등을 증여받은 날부터 7년이 경과하지 아니하였을 것
③ 2022.12.31. 이전에 종전의 조세특례제한법 제30조의6 제3항에 따른 증여세 및 이자상당액이 부과되지 아니하였을 것

(1) 가업을 승계하지 않은 경우

가업을 승계하지 않은 경우란 조세특례제한법 시행령 제27조의6 제1항 제2호에 따라 가업을 승계하지 않은 경우를 말한다. 즉, 해당 가업의 주식 또는 출자지분 증여받은 수증자 또는 그 배우자가 상속세 및 증여세법 제68조에 따른 증여세 과세표준 신고기한까지 가업에 종사하지 않거나 증여일부터 3년 이내에 대표이사에 취임하지 않은 경우를 말한다.(조특령 §27의6 ③).

(2) 가업에 종사하지 아니하거나 가업을 휴업하거나 폐업하는 경우

다음의 어느 하나에 해당하는 경우에는 가업에 종사하지 아니하거나 가업을 휴업하거나 폐업한 경우에 해당한다(조특령 §27의6 ⑥).
① 수증자(수증자의 배우자가 가업을 승계한 경우 수증자의 배우자를 포함한다)가

주식 등의 증여일부터 3년 이내에 대표이사로 취임하지 아니하거나 5년까지 대표이사직을 유지하지 아니하는 경우
② 가업의 주된 업종을 변경하는 경우. 다만, 다음의 어느 하나에 해당하는 경우는 제외한다.
  ⓐ 한국표준산업분류에 따른 대분류(2024.2.28.이전 증여분은 중분류) 내에서 업종을 변경하는 경우(별표에 따른 업종으로 변경하는 경우로 한정한다.
  ⓑ ⓐ외의 경우로서 상속세 및 증여세법 시행령 제49조의2에 따른 평가심의위원회의 심의를 거쳐 업종의 변경을 승인하는 경우
③ 가업을 1년 이상 휴업(실적이 없는 경우를 포함한다)하거나 폐업하는 경우

2024.2.29. 전에 가업의 주된 업종을 변경한 경우에 대한 가업 종사 여부의 판단에 관하여는 개정규정에도 불구하고 종전의 규정에 따른다(영부칙 §20조).

(3) 증여받은 주식 등의 지분이 줄어드는 경우

다음 어느 하나에 해당하는 경우에는 증여받은 주식 등의 지분이 줄어드는 경우에 해당한다.
① 수증자가 증여받은 주식 등을 처분하는 경우.
    다만, 2015.2.3.이 속하는 사업연도 분부터 다음의 어느 하나에 해당하는 경우에는 증여세가 추징되지 않는다.
  ⓐ 합병·분할 등 조직변경에 따른 처분으로서 수증자가 상속세 및 증여세법 시행령 제15조 제3항에 따른 최대주주등에 해당하는 경우
  ⓑ 자본시장과 금융투자업에 관한 법률 제390조 제1항에 따른 상장규정의 상장요건을 갖추기 위하여 지분을 감소시킨 경우
② 증여받은 주식 등을 발행한 법인이 유상증자 등을 하는 과정에서 실권 등으로 수증자의 지분율이 낮아지는 경우. 이 경우 가업승계를 적용받은 주식등의 가액 전부에 대하여 증여세를 부과한다(서면-2020-상속증여-5504, 2021.3.16).
다만, 다음의 어느 하나에 해당하는 경우에는 제외한다.

ⓐ 해당 법인의 시설투자·사업규모의 확장 등에 따른 유상증자로서 수증자의 특수관계인(상속세 및 증여세법 시행령 제2조의2 제1항 각 호의 어느 하나에 해당하는 자를 말한다) 외의 자에게 신주를 배정하기 위하여 실권하는 경우로서 수증자가 최대주주등에 해당하는 경우
ⓑ 해당 법인의 채무가 출자전환됨에 따라 수증자의 지분율이 낮아지는 경우로서 수증자가 최대주주 등에 해당하는 경우(2018.2.13.이후 출자전환을 하는 경우부터 적용한다.)
③ 수증자의 특수관계인의 주식처분 또는 유상증자시 실권 등으로 지분율이 낮아져 수증자가 최대주주등에 해당되지 아니하는 경우

2. 정당한 사유가 있는 경우 증여세 과세특례 적용

주식등을 증여받고 가업을 승계한 수증자가 증여일부터 5년 이내에 다음과 정당한 사유가 있는 경우에는 해당주식 등의 가액에 대하여 증여세 과세특례가 그대로 적용된다.

① 수증자가 사망한 경우로서 수증자의 상속인이 상속세 과세표준 신고기한까지 당초 수증자의 지위를 승계하여 가업에 종사하는 경우. 즉, 수증자의 상속인이 수증자가 증여받은 주식을 상속받아 상속세 과세표준 신고기한까지 대표이사로 취임하는 것을 말한다(서면법령재산-2423, 2016.7.1.).
② 수증자가 증여받은 주식 등을 국가 또는 지방자치단체에 증여하는 경우
③ 수증자가 법률에 따른 병역의무의 이행, 질병의 요양, 취학상 형편 등으로 가업에 직접 종사할 수 없는 경우. 다만, 증여받은 주식 또는 출자지분을 처분하거나 그 부득이한 사유가 종료된 후 가업에 종사하지 아니하는 경우는 정당한 사유가 있는 경우에 해당되지 않는다(조특칙 §14의4).

3. 이자상당액 추징

주식을 증여받아 증여세 과세특례를 적용받은 수증자가 가업을 승계하지 아니하는 등 과세특례가 적용된 증여세에 대하여 추징사유가 발생하게 되는 경우에는 이자상당액을 가산하여 부과한다. 이 때 이자상당액은 다음 ①에 따른 금액에 ②에 따른

기간과 ③에 따른 율을 곱하여 계산한 금액으로 한다(조특법 §30의6 ③).
① 상속세및증여세법에 따라 결정한 증여세액
② 당초 증여받은 주식 등에 대한 증여세의 과세표준 신고기한의 다음날부터 추징사유가 발생한 날까지의 기간
③ 1일 10만분의 22

이자상당액 = 증여세액 × (증여세신고기한의 익일~추징사유 발생일)의 일수
              × 22/100,000

4. 사후관리 위반에 따른 증여세 신고 및 납부기한

가업승계에 대한 증여세 과세특례를 적용하여 주식등을 증여받은 자가 가업을 승계하지 아니하거나 가업을 승계한 후 주식등을 증여받은 날부터 5년 이내에 정당한 사유 없이 다음의 어느 하나에 해당하게 된 경우에는 그 주식등의 가액에 대하여 「상속세 및 증여세법」에 따라 이자상당액을 증여세에 가산하여 증여세를 부과한다.
① 가업에 종사하지 아니하거나 가업을 휴업하거나 폐업하는 경우
② 증여받은 주식등의 지분이 줄어드는 경우
③ 가업승계에 대한 증여세 과세특례를 적용받은 후에 거주자 또는 부모에 대한 형이 확정된 경우

상기와 같은 사후관리 요건에 해당하는 거주자는 해당하게 되는 날이 속하는 달의 말일부터 3개월 이내에 대통령령으로 정하는 바에 따라 납세지 관할 세무서장에게 신고하고 해당 증여세와 이자상당액을 납세지 관할 세무서, 한국은행 또는 체신관서에 납부하여야 한다. 다만, 이미 증여세와 이자상당액이 부과되어 납부된 경우에는 그러하지 아니하다(조특법 §30의6 ⑧).

> **예규·판례**

01 수증자가 가업을 승계받기 전에 보유한 주식을 처분한 경우로서 당해 주식을 처분한 후에도 최대주주 등에 해당하는 경우에는 증여세 추징안됨(상속증여-1646, 2019.08.08.).

02 가업의 승계에 대한 증여세 과세특례를 적용 받은 후 해당 법인의 채무가 출자전환됨에 따라 수증자의 지분율이 낮아지는 경우로서 수증자가 최대주주 등에 해당하는 경우는 증여세를 부과하지 아니함(상속증여-3472, 2018.05.18.).

03 증여세특례 받은 후 법인이 인적분할한 경우로서 가업을 승계받은 자가 증여일부터 5년 이내 분할법인 및 분할신설법인의 대표이사로 취임하지 아니하는 경우 증여세를 부과하는 것임(재산-809, 2010.11.01.).

04 두 개의 가업을 자녀 1인이 승계한 후 합병하는 경우에는 존속법인이 피합병법인의 사업을 승계하는 경우로서 수증자가 증여일부터 5년 이내에 존속법인의 대표이사에 취임하고 지분 감소 등 법요건에 해당하지 아니할 경우 증여세가 부과되지 않음(재산-728, 2010.10.05.).

05 가업승계를 목적으로 주식등을 증여받은 수증자의 지분이 법원의 회생계획인가결정에 따라 감소하는 경우 추징배제되는 정당한 사유에 해당하지 아니함(기준법령재산-21, 2016.04.05.).

06 가업승계 증여세 과세특례 후 10년 이내에 유상증자 등을 하는 과정에서 수증자의 모친이 주식을 취득함으로써 수증자의 지분이 감소한 경우에는 증여세를 부과하는 것이며, 이 때 이자상당액을 증여세액에 가산하여 부과함(상속증여세과-281, 2014.07.31.).

07 「채권의 출자전환 등의 건」에 의하면, 자금난으로 인하여 무상감자 및 유상증자를 실시한 결과 원고 주식의 지분율이 감소한 것으로 확인되므로 조세특례제한법 시행령 제27조의6 제3항 제3호에서 규정한 정당한 사유가 될 수 없음(부산고법 2019누23876, 2020.01.31.).

08 법인세법을 적용받는 가업이 주주 또는 출자자의 주식 및 출자지분의 비율에 따라서 유상으로 균등하게 감자하는 경우는 「상속세 및 증여세법 제18조 제6항 제1호 다목의 주식 등을 상속받은 상속인의 지분이 감소한 경우에 해당하는 것임(기획재정부재산-1575, 2022.12.23.).

09 증여일 현재의 주업종으로 주업종이 변경된 이후의 사업 영위 기간이 10년에 미달하는 때에는 과세특례 적용대상에 해당하지 않음(기획재정부 조세정책과-1513, 2024.08.06.).

10 대표이사는 이사·감사와는 달리 선임 결의 및 수락만으로는 취임하였다고 보기는 어려우므로 등기 전에는 직무를 완전히 수행할 수 없다고 할 것인 점 등에 비추어 청구인이 쟁점주식의 증여일부터 5년 이내에 대표이사에 취임하지 않은 것으로 보아 증여세를 과세한 이 건 처분은 잘못이 없음(조심 2017부3614, 2017.12.11.).

가업승계 증여세 사후요건 검토표

검토항목	검토내용	적격 여부	
1. 사후관리기간 경과 여부 (사후관리 기간 : 5년)			
㉮ 증여일	. .	경과 □	미경과 □
㉯ 정당한 사유로 인한 미종사 기간 (병역의무 이행, 질병의 요양, 취학상 형편 등 정당한 사유로 가업 미종사시 해당 기간만큼 사후관리 기간 연장)	. . ~ . .		
㉰ 사후관리기간 종료예정일	. .		
2. 가업 종사 여부			
㉮ 증여일부터 3년내 대표이사 취임 여부		적 □	부 □
㉯ 증여일로부터 5년까지 대표이사 유지 여부			
㉰ 가업의 주된 업종 변경 여부(대분류 내 업종변경 허용 등 상증령 §15)			
㉱ 가업을 1년 이상 휴업(무실적 포함) 또는 폐업 여부			
3. 수증자 지분 감소 여부			
㉮ 증여일 현재 수증인 지분	%	적 □	부 □
㉯ 사후관리 기간 중 수증인 지분	%		
㉰ 수증자의 지분 감소 여부			
㉱ 정당한 사유 유무 (조특령 §27의6⑦ 해당하는 지분감소의 경우 사후의무 위반 아님)			
4. 조세포탈 또는 회계 부정행위로 징역형 또는 「주식회사 등의 외부감사에 관한 법률」 제39조 1항에 따른 죄에 해당하지 않을 것		적 □	부 □

☞ 국세청 2024년 발간 "가업승계 지원제도 안내". p.64

Ⅴ 증여세 과세특례가 적용된 주식 등에 대한 특칙

1. 증여자가 사망하여 상속세로 정산할 때 특칙

원칙적으로 피상속인이 10년 이내에 상속인에게 증여한 재산은 상속세 과세가액에 산입한다. 그러나 가업승계에 대한 증여세 과세특례가 적용된 주식등은 향후 증여자가 사망하는 경우에는 증여된 기간에 관계없이 상속세 과세가액에 항상 산입하여 상속세로 다시 정산하는 등 상속세로 정산할 때 다음과 같은 여러 가지 특칙이 있다(조특법 §30의6 ④).

① 증여세 과세특례가 적용된 주식 등은 증여자가 사망하여 상속세 납부의무여부 및 비율을 산정할 때 상속세과세가액에 가산하는 증여재산으로 본다.

② 또한 증여세 과세특례가 적용된 주식 등의 가액은 증여받은 날부터 상속개시일까지의 기간이 상속개시일로부터 10년 이내인지의 여부에 관계없이 상속세과세가액에 가산한다. 이 경우 상속세 과세가액에 가산하는 주식 등의 가액은 증여일 현재를 기준으로 상속세및증여세법 제60조부터 제66조까지의 규정에 의하여 평가한 가액이 된다.

다만, 가업의 승계에 대한 증여세 특례를 적용받은 수증자가 증여자보다 먼저 사망한 경우로서 증여자의 상속세 과세가액 산정 시, 해당 가업승계 주식의 가액을 가산하지 않는 것임(서면-2022-법규재산-4436, 2023.09.14.).

③ 증여세 과세특례가 적용된 주식 등은 상속세및증여세법 제24조에 따른 상속공제액 한도액을 계산함에 있어서는 같은조 제3호의 상속세과세가액에 가산한 증여재산가액으로 보지 않는다. 즉, 증여세 과세특례가 적용된 주식 등에 대하여는 상속공제 한도가 적용되지 않으므로 각종 상속공제가 가능하다는 뜻이다.

④ 증여세 과세특례가 적용된 주식 등에 대한 증여세액은 상속세및증여세법 제28조(증여세액 공제)의 증여세액공제 한도액 없이 상속세산출세액에서 공제한다. 이 경우 공제할 증여세액이 상속세산출세액보다 많은 경우 그 차액에 상당하는 증여세액은 환급하지 아니한다.

2. 증여세 과세특례가 적용된 주식 등과 일반증여재산 합산과세 배제

증여세 과세특례가 적용된 주식 등에 대하여 증여세를 부과하는 경우에는 상속세 및증여세법 제47조 제2항(동일인으로부터 재차증여시 합산과세 규정)에도 불구하고 동일인(그 배우자를 포함한다)으로부터 10년 이내에 증여받은 증여세 과세특례가 적용된 주식 등 외의 다른 증여재산의 가액은 증여세 과세특례가 적용된 주식 등에 대한 증여세과세가액에 가산하지 아니한다(조특법 §30의6 ④). 즉, 동일인으로부터 증여받은 증여세 과세특례가 적용된 주식 등의 가액은 그 주식 등의 가액대로 합산과세하며, 증여세 과세특례가 적용되지 아니하는 일반증여재산은 구분하여 일반증여재산대로 합산 과세한다. 이는 일반증여와 가업승계에 대한 증여세 과세특례 적용 시 공제되는 금액 및 적용되는 증여세율이 각각 다르고, 또한 일반증여재산과 가업승계 주식 등의 가액을 합산하는 경우에는 특례세율(10%)을 적용받을 수 없는 결과가 발생하기 때문이다.

그러나 가업의 승계에 대한 증여세 과세특례를 적용받은 후 사후관리 위반으로 증여세를 부과하는 경우에는 동일인으로부터 증여받은 다른 증여재산가액을 가산하여 과세한다(서면-2019-법령해석재산-1464, 2021.10.28.).

3. 창업자금에 대한 증여세 과세특례와 중복적용 배제

가업의 승계에 대한 증여세 과세특례를 적용은 거주자는 창업자금에 대한 증여세 과세특례를 적용받지 아니한다(조특법 §30의6 ⑥). 또한 가업승계에 대한 증여세과세특례를 적용받은 거주자에게는 창업자금 증여세과세특례를 적용하지 아니한다. 즉, 수증자를 기준으로 "가업의 승계에 대한 증여세 과세특례"와 "창업자금에 대한 증여세 과세특례"규정 중 하나만 선택하여 적용받을 수 있다. 그러나 자녀가 2인 이상인 경우 자녀1인에게는 중소기업 주식 등을 증여하여 가업승계에 따른 증여세 과세특례를 적용받도록 하고 다른 자녀1인에게는 창업자금을 증여하여 창업자금에 대한 증여세 과세특례를 각각 적용받을 수 있도록 할 수 있다(재산-968, 2010.12.22.).

VI. 가업승계 주식에 대한 신고세액공제 배제 및 연부연납 가능

증여세 과세특례가 적용된 주식 등에 대한 증여세과세표준을 신고하는 경우에도 신고세액공제는 적용하지 아니한다(조특법 §30의6 ④). 이는 증여세 과세특례가 적용된 주식 등에 대하여 10억원을 일괄공제한 후의 과세표준에 10%~20%의 낮은 세율을 적용하여 과세하는 대신에 일반적인 증여재산에 대하여 적용되는 신고세액공제를 배제하고자 하는 취지로 판단된다.

다만, 증여세 신고기한 다음날부터 2월이내의 분납과 15년 동안 연부연납은 가능하다.

법령상 증여세 과세특례가 적용된 주식 등에 대한 증여세에 대하여 원천적으로 물납을 배제하고 있지 않으므로 물납도 가능한 것으로 해석될 수 있으나, 상속세및증여세법 제73조의 규정에 의하면 증여세에 대하여는 비상장주식으로 물납신청을 할 수가 없고, 또한 증여세 과세특례를 적용받은 주식 등을 증여일부터 5년 이내에 정당한 사유없이 처분하여 수증자의 지분율이 감소되는 경우에는 상속세및증여세법에 따라 증여세가 추징되므로 증여세에 대한 물납은 원천적으로 허용되지 않게 된다.

VII. 증여세 과세특례가 적용된 주식 등이 향후 "상장·합병 차익에 대한 증여" 해당시 증여세 과세특례 추가적용

증여세 과세특례 적용대상 주식 등을 증여받은 후 해당 주식 등의 증여에 대한 상속세및증여세법 제41조의3(주식 또는 출자지분의 상장 등에 따른 이익의 증여)·제41조의5(합병에 따른 상장 등 이익의 증여)에 따른 증여이익(이하 "증여이익"이라 한다)은 증여세 과세특례 대상 주식 등의 과세가액과 합하여 100억원까지 납세자의 선택에 따라 가업의 승계에 대한 증여세 과세특례를 적용받을 수 있다. 이 경우 증여세 과세특례를 적용 받은 증여이익은 증여받은 날로부터 상속개시일까지의 기간과 관계없이 상속세 과세가액에 가산한다(조특법 §30의6 ⑥, 조특령 §27의6 ⑧).

예를 들면 부모가 10년이상 경영한 가업의 승계에 따라 비상장주식 70억원을 증여받은 후 당해 주식이 5년 이내에 상장이 되어 상장에 따른 이익이 50억원인 경우 비상장주식에 대한 증여세 과세가액 70억원과 상장에 따른 이익중 30억원을 합하여 100억원을 한도로 증여세 과세특례를 적용받을 수 있는 것이다. 상장에 따른 이익중 나머지 20억원은 일반증여세율이 적용되어 증여세가 과세된다.

Ⅷ 주식등의 증여후 상속이 개시된 경우 가업상속공제 적용

1. 가업승계한 주식에 대한 가업상속공제 적용

(1) 가업상속공제 요건

증여세 특례대상인 주식 등을 증여받은 후 증여자가 사망하여 상속이 개시되는 경우에 상속개시일로부터 10년 이내인지 여부 불문하고 상속재산가액에 가산하며, 상속개시일 현재 다음의 요건을 모두 갖춘 경우에는 그 주식 등에 대하여 상속세및증여세법 제18조의2 제1항에 따른 가업상속으로 보아 가업상속공제를 적용한다(조특령 §27의6 ⑨).

① 상속세 및 증여세법 제18조의2 제1항 각 호 외의 부분 전단에 따른 가업상속에 해당할 것(해당 요건 중 매출액 평균금액은 법 제30조의6 제1항에 따라 주식 등을 증여받은 날이 속하는 사업연도의 직전 3개 사업연도의 매출액 평균금액을 기준으로 판단하며, 법 제30조의6에 따라 피상속인이 보유한 가업의 주식 등의 전부를 증여하여 상속세 및 증여세법 시행령 제15조 제3항 제1호 가목의 요건을 충족하지 못하는 경우에는 상속인이 증여받은 주식 등을 상속개시일 현재까지 피상속인이 보유한 것으로 보아 같은 목의 요건을 적용한다). 다만, 상속세 및 증여세법 시행령 제15조 제3항 제1호 나목(대표이사 재직요건)은 적용하지 아니한다.

이 경우 2020.02.11 이후 상속분부터 조세특례제한법 제30조의6에 따라 피상속인이 보유한 가업의 주식등을 전부를 증여하여 상속세 및 증여세법 시행령 제15조 제3항 제1호 가목의 요건을 충족하지 못하는 경우에는 상속개시일이

상속인의 주식등을 피상속인이 보유한 것으로 보아 같은 영 제15조 제3항 제1호 가목의 요건을 적용한다. 즉, 피상속인이 가업의 승계 목적으로 본인이 소유주식을 생전에 모두 증여하여 상속개시일 현재 주식을 보유하고 있지 않아도 상속인이 보유한 주식을 피상속인이 보유한 것으로 보아 가업상속공제 요건을 적용한다는 의미이다.

② 수증자가 증여받은 주식 등을 처분하거나 지분율이 낮아지지 아니한 경우로서 가업에 종사하거나 대표이사로 재직하고 있어야 한다.

(2) 상속개시일 현재 사업용 자산비율 적용함

생전 가업승계목적으로 주식을 증여한 것에 대하여 조세특례제한법 제30조의6에 따른 가업승계에 대한 증여세 과세특례를 적용받은 증여자가 사망하여 상속세를 정산할 때 또다시 상속세및증여세법 제18조의2에 따른 가업상속공제를 적용하는 경우 사업용자산비율은 상속개시일 현재의 사업용자산비율을 적용한다고 해석(기획재정부 조세정책과-171, 2025.1.24.)하고 있다.

2. 2020.02.11. 전에 주식 전부를 증여받아 가업승계한 경우 가업상속공제 적용여부

기획재정부와 국세청은 「자녀가 父의 주식 전부를 증여받아 조특법에 따른 "가업의 승계에 대한 증여세 과세특례"를 적용받은 후, 2020.2.11. 전에 父가 사망하여 상속이 개시되는 경우 상속개시일 현재 상증령(2020.2.11.대통령령 제30390호로 개정되기 전의 것)§27의6 ⑧ (1)의 요건을 갖추지 못한 경우에는 상증법 §18 ② (1)에 따른 가업상속으로 보지 아니한다」라고 해석(기획재정부 재산세제과-291, 2021.03.26. ; 서면-2020-법령해석재산-2416, 2021.3.17.)하고 있다.

그러나 조세심판원은 「피상속인이 가업 주식을 전부 증여한 경우가 오히려 보다 온전한 가업승계의 모습을 갖추었다고 볼 수 있는 점, 피상속인이 가업 주식 전부를 증여한 경우와 1주를 제외한 나머지 주식을 전부 증여한 경우를 특별히 구분지어 가업상속공제규정의 적용을 달리할 합리적인 사유를 찾기 어려운 점, 쟁점개정조항은 이러한 점을 반영하여 이 건과 같이 피상속인이 가업주식의 전부를 증여한 경우에도 상속세 및 증여세법 시행령 제15조 제3항 제1호 가목의 요건을 갖춘 것으로 보도록 규정하고 있는 점, 쟁점개정조항을 확인적 규정으로 해석한다고 하더라도 법적 안정성 및 예측가능성이 과도하게 훼손된다고 볼 수 없는 점 등에 비추어 처분청이 이 사건 증여주식에 대하여 가업상속공제규정의 적용을 배제하고 상속세를 과세한 이 사건 처분은 잘못이 있다고 판단된다」라고 다수 결정(조심 2021서4871, 2021.11.15. 등)하고 있다.

3. 가업 승계한 주식 외의 나머지 주식을 상속받은 경우 가업상속공제

증여세 특례 대상인 주식 등을 증여받은 후 상속이 개시되는 경우로서 나머지 주식에 대하여도 상속개시일 현재 상속세및증여세법 제18조의2 제1항에 다른 가업상속공제 요건을 모두 갖춘 경우 가업상속공제가 추가로 적용된다(재산-1654, 2009.8.10.).

IX 기타사항

증여세 및 상속세를 과세함에 있어 조세특례제한법 제30조의6의 규정에서 달리 정하지 아니한 것은 상속세및증여세법에 의한다(조특법 §30의6 ④).

X. 가업승계에 대한 가업상속공제·증여세 과세특례 적용시 절세효과

아래 사례를 기준으로 가업승계에 대한 증여세 과세특례 및 가업상속공제를 적용받은 경우와 적용받지 못한 경우 절세효과를 살펴보면 다음과 같다.

1. 사례

- 갑의 유일한 재산현황
  - 중소기업주식 : 250,000주(법인의 자산중 사업용 자산비율은 100%로 가정함)
  - 갑은 법인을 설립하여 20년 이상 최대주주로서 가업영위

- 갑의 가업승계 주식증여 계획
  - 자녀 을에게 증여(증여주식 : 60,000주, @50,000)
  - 갑이 소유한 주식을 자녀 을에게 증여할 때 가업승계에 따른 증여세 과세특례 요건을 모두 충족한 것으로 가정

- 갑의 사망시 상속현황
  - 상속주식 : 190,000주(@100,000)
  - 갑의 상속인 : 자녀 을(자녀 을은 2년 이상 갑과 함께 가업에 종사함), 자녀 병
  - 갑이 주식 60,000주를 자녀 을에게 증여한 후에 갑과 을이 공동대표이사 체제로 하여 상속개시일까지 계속하여 가업에 종사하고, 을이 갑의 나머지 주식 190,000주도 모두 상속받는 것으로 가정함.

2. 절세효과

구분	가업승계에 대한 요건 충족시	가업승계에 대한 요건 미충족시	차액
증여시	- 증여세산출세액 : (30억원-10억원) × 10% = 2억원 - 신고세액공제 : 0원 - 자진납부세액 : 2억원	- 증여세산출세액 : (30억원-0.5억원) × 40% - 1.6억원 = 10.2억원 - 신고세액공제 : 0.306억원 - 자진납부세액 : 9.894억원	7.894 억원

구분	가업승계에 대한 요건 충족시	가업승계에 대한 요건 미충족시	차액
상속시	- 가업상속재산가액 : 　190억원 + 30억원=220억원 - 가업상속공제액(min①,②) : 220억원 　① 220억원 　② 400억원 - 상속세 과세표준 : 0원	- 산출세액 : 　(220억원-5억원) × 50% - 4.6억원 　= 102.9억원 - 증여세액공제 : 10.2억원 - 신고세액공제 : 2.781억원 - 자진납부세액 : 89.919억원	89.919 억원
사전증여 없이 모두 상속시	- 가업상속재산가액 : 250억원 　*250,000 × @100,000=250억원 - 가업상속공제액(min①,②) : 250억원 　① 250억원 　② 400억원 - 상속세 과세표준 : 0원	- 상속재산가액 : 250억원 - 가업상속공제액 : 0원 - 산출세액 : 　(250억원-5억원) × 50%-4.6억원 　= 117.9억원 - 신고세액공제 : 3.537억원 - 자진납부세액 : 114.363억원	114.363 억원

3. 절세효과 극대화를 위한 증여시점 판단

상기 사례에서 살펴본 바와 같이 갑이 소유한 주식(250,000주)이 중소기업 또는 중견기업 주식에 해당하여 여러 가지 가업승계에 따른 증여세 및 상속세 특례규정을 적용받을 경우에는 엄청난 절세효과가 있는 것을 알 수 있다. 상기 사례의 경우 어디까지나 증여시점보다 상속개시시점에 주식의 가치가 증가한 것을 가정한 경우이므로 주식가치가 계속하여 증가하는 기업의 경우에는 사전상속제도를 활용하게 되면 절세효과가 더욱 커진다. 그러나 주식가치가 현재보다 하락할 것으로 예상이 된다면, 사전증여보다 모두 상속을 하여 가업상속공제규정을 적용받는 것이 더 절세가 될 것이다. 또한 주식가치가 계속하여 증가한다는 가정하에서는 사전증여를 하지 아니하고 또한, 가업승계에 따른 각종 상속·증여세 과세특례도 적용받지 아니하는 경우가 세부담이 가장 큰 것을 알 수 있다. 그러므로 절세효과를 극대화 하기 위해서는 어느 시점에 어느 정도의 재산을 사전증여하고 또한 상속을 할 것인지 여부를 잘 판단하여야 한다.

사례 12 父·母로부터 순차 증여시 증여세 과세특례 적용방법

기본사항

1. 사실관계
   - A법인(중소기업, 설립자 : 甲) 현황
     - 설립일 : 2006.1.1. / - 발행주식총수 : 100,000주
     - 주주 : 甲(대표이사) : 40%, 乙(상무, 甲의 처) : 20%, 임직원등 기타주주 : 40%
   - 2022.1.19. 자녀 丙은 甲(父)으로부터 40,000주를 증여받고 대표이사 취임
     - 丙은 2013년부터 A법인에 임원으로 근무
     - A법인 주식가액 : @30,000(자산총액중 사업용 자산비율 100%로 가정함)
   - 2023.3.10. 자녀 丙은 乙(母)로부터 20,000주(@35,000)를 추가로 증여받음.
   - 2025.10.10. A법인은 코스닥에 상장되었음.
     - 정산기준일 현재 1주당 가액 : @50,000
     - 1주당 상장에 따른 이익 : (父 : @15,000, 母 : @10,000)

질의

2. 가업승계에 따른 증여세 과세특례 요건을 모두 충족하였다고 가정하는 경우 각 증여일자별 증여세 부담세액은?

해설

1. 2022.1.19. 증여분에 대한 증여세
   (12억원* − 5억원) × 10% = 0.7억원,   *@30,000 × 40,000주 = 12억원

2. 2023.3.10. 증여분에 대한 증여세
   국세청은 "母로부터 가업 주식을 증여받아 가업승계 증여세 특례를 적용받은 후 父로부터 가업 주식을 증여받은 경우 가업승계 증여세 특례를 적용할 수 있는지 여부"에 대하여 "父와 母가 공동사업을 경영하는 가업의 母 지분을 자녀가 증여받아 조세특례제한법 제30조의6제1항에 따른 "가업의 승계에 대한 증여세 과세특례"를 적용받은 후, 父지분을 증여받은 경우는 해당 증여세 과세특례를 적용하지 않는다."라고 해석(서면−2021−법규재산−4361, 2022.6.29.)한 바 있다. 따라서 2023.3.10. 母로부터 증여받은 주식에 대하여는 증여세 과세특례가 적용되지 않으므로 일반세율로 증여세를 계산한다. 다만 2022.1.19. 증여분과 합산하지는 않는다.

3. 2025.10.10. 父지분에 대한 증여세
   - 증여세산출세액 ; [(12억원 +6억*) −10억원] × 10% = 0.8억원
     * 상장시세차익 : @15,000 × 40,000주 = 6억원
   - 기납부세액 : 0.7억원 − 추가납부세액 : 0.1억원

4. 2025.10.10. 母지분에 대한 증여세: 母지분에 대하여는 증여세 과세특례가 적용되지 않다. 다만, 상장등에 따른 이익은 합산배제증여재산이므로 2022.1.19. 증여 및 2023.3.10. 증여분과 합산하지 않는다.

제2절 가업의 승계에 대한 증여세 과세특례

사례 13 가업승계주식에 대한 증여계약서 및 증여세 특례신고서 작성요령

기본사항

1. 사실관계
   ① 인적사항
   - 수증자 : 홍길동(子, 760215 - *******), 서울 강남 테헤란로 ×번지 대한아파트 101 - 101
   - 증여자 : 홍갑돌(父, 441015 - *******), 서울 강남 테헤란로 ×번지 궁전빌라 A동 201호
   ② (주)갑법인(비상장법인, 중소기업) 현황
   - (주)갑법인의 설립일 : 1993.3.1.   업종 : 섬유제조업
   - (주)갑법인 소재지(113 - 81 - *****) : 서울특별시 구로구 가산디지털로 ××
   - 주주현황 : 홍길동(60%), 김갑순(20%), 기타주주(20%)
   - 발행주식총수 및 1주당 가액 : 200,000주(증여일 현재 : @150,000)
   - 총 자산가액 500억원, 사업무관 자산으로 가지급금 5억원 및 부동산임대부동산 45억원
   ③ 증여내용
   - 2025.1.15. 父 홍갑돌은 가업승계목적으로 본인이 소유한 주식 120,000주 중 100,000주를 子인 홍길동에게 증여함.
   - 홍길동은 주식을 증여받은 후 대표이사로 취임하는 등 가업승계에 따른 증여세 과세특례 요건을 모두 충족함.
   - 이 외 홍길동은 당해 증여전 2019.3.20.에 父로부터 아파트 5억원을 증여받은 사실이 있으며, 이외 다른 증여사실 없음.

질 의

2. 2025.1.15.에 홍길동이 부모로부터 가업승계목적으로 증여받은 주식에 대한 증여세 납부세액을 계산하고 증여세 과세특례 신청 및 신고서를 작성하시오

해 설

1. 증여세 과세특례 세액
   ① 당해 증여재산가액 : 150억원(@150,000×100,000주)
   ② 과세특례 적용 대상 주식 : 150억원×100,000주×(450억원/500억원)= 135억원
   ③ 증여세 과세가액 : 135억원   ④ 증여재산공제 : 10억원
   ⑤ 증여세과세표준 : 125억원
   ⑥ 증여세 산출세액 : 13억원=[(135억원-130억원)× 20%]+[130억원-10억원)×10%]
   ⑧ 자진납부세액 : 13억원
2. 가업승계에 대한 증여세 과세특례를 적용받은 주식의 가액은 2019.3.20.에 증여받은 다른 일반증여재산과 합산하지 않으며(조특법 §30조의5 ⑩), 일반세율 적용 대상 주식은 일반 서식에 의하여 증여세 신고해야 한다.
3. 가업승계 특례 적용신고서 작성

가업의 승계목적 증여계약서

증여자 홍갑돌을 "갑"이라 칭하고 수증자 홍길동을 "을"이라 칭하여 "갑" 과 "을"간에 다음과 같은 내용의 증여계약을 체결한다.

【증여의 목적물】
㈜갑법인(110111-*******, 이하 "가업"이라 한다) 발행주식
홍갑돌 소유주식 120,000주 중 100,000주
주식의 종류 : 보통주, 액면금액 : 금 5,000원
(단, 위 주식은 주권 미발행 주식임)

제1조【증여내용】"갑"은 자기소유인 상기 기재의 표시 주식을 아래와 같은 약정으로 "을"에게 가업의 승계목적으로 증여할 것을 약속하며 "을"은 이를 승낙한다.

제2조【계약의 효력】: 본 계약의 효력은 계약 당사자가 기명 날인한 날로부터 발생한다.

제3조【소유권 이전 및 명의개서 기한】 "갑"이 "을"에게 증여한 주식에 대하여 2025.1.25.부터 "을"이 소유권을 가지게 되며, 2025.02.28.까지 "을"의 명의로 명의개서를 완료한다.

제4조【가업승계】 "을"은 증여세 과세표준 신고기한까지 가업에 종사하고 증여일부터 3년 이내에 승계한 가업의 대표이사로 취임하여야 한다.

제5조【5년 이상 가업경영】 "을"은 정당한 사유 없이 5년 이내에 주식을 처분하거나 또는 주식의 지분율이 줄어들지 않도록 하여야 하며, 5년 이상 계속하여 승계한 가업에 종사하면서 대표이사직을 유지하여야 하며, 승계한 가업을 휴업 또는 폐업하지 않는다.

제6조【증여받은 주식 처분 금지】 "을"은 정당한 사유 없이 금번 증여로 취득한 주식은 증여자 사망 시까지 처분하지 않는다.

제7조【제세공과금 부담】
증여에 따른 제세공과금은 "을"이 부담한다.

제8조【증여사실에 대한 통지】 "갑"은 위 주식을 "을"에게 증여하였다는 사실을 서면통지 또는 내용증명 우편의 방식으로 주식발행회사에 통지한다.

위에 열거한 내용의 성립을 증명하기 위하여 본 증서 2통을 작성, 서명날인한 다음 각각 그 1통씩 보관한다.

2025. 1. 25.

(갑) 성 명 :　　　　홍갑돌　(인)
　　 주 소 :　　　　서울 강남 테헤란로 ×번지 궁전빌라 A동 201호
　　 주민등록번호:　441015 - *******

(을) 성 명 :　　　　홍길동　(인)
　　 주 소:　　　　 서울 강남 테헤란로 ×번지 대한아파트 101 - 101
　　 주민등록번호:　760215 - *******

제2절 가업의 승계에 대한 증여세 과세특례

[별지 제10호의2서식] 〈개정 2023.3. .〉

증여세과세표준신고 및 자진납부계산서
(창업자금 및 가업승계주식 등 특례세율 적용 증여재산 신고용)

관리번호 □ - □

[ ]기한 내 신고 [ ]수정신고 [ ]기한 후 신고

※ 뒤쪽의 작성방법을 읽고 작성하시기 바랍니다. (앞쪽)

수증자	① 성 명	홍길동	② 주민등록번호	760215-*******	③ 거 주 구 분	[ ]거주자 [ ]비거주자
	④ 주 소	서울 강남 테헤란로 ** 대한아파트 101-101			⑤ 전자우편주소	
	⑥ 전화번호	(자 택)		(휴대전화)	⑦ 증여자와의 관계	

증여자	⑧ 성 명	홍갑돌	⑨ 주민등록번호	441015-*******	⑩ 증 여 일 자	2025.1.15
	⑪ 주 소	서울 강남 테헤란로 ** 궁전빌라 A동 201호			⑫ 전 화 번 호	(자 택) (휴대전화)

세무대리인	⑬ 성 명	고경희	⑭ 사업자등록번호	715-85-*******	⑮ 생 년 월 일	
	⑯ 전화번호	(사무실)			(휴대전화)	

구 분			금 액	구 분		금 액
증여세 과세가액	창업자금 (「조세특례제한법」 제30조의5)	⑰ 해당 증여재산 (부표1 ⑰가액)		㉛ 가업승계 증여세 납부유예 세액 (「조세특례제한법」 제30조의7) (부표3 ⑨)		
		⑱ 가산 증여재산 (부표1 ⑫가액)		㉜ 신 고 불 성 실 가 산 세		
				㉝ 납 부 지 연 가 산 세		
	가업승계주식등 (「조세특례제한법」 제30조의6)	⑲ 해당 증여재산 (부표2 ⑫가액)	135억원	㉞ 차 가 감 자 진 납 부 할 세 액 (⑳ - ㉘ - ㉛ + ㉜ + ㉝)		13억원
		⑳ 가산 증여재산 (부표2 ⑦가액)		납부방법	납부 및 신청일	
	㉑ 합계[(⑰+⑱) 또는 (⑲+⑳)]		135억원	㉟ 연 부 연 납		
㉒ 증 여 재 산 공 제			10억원	현금	㊱ 분 납	6.5억원
㉓ 재 해 손 실 공 제 (상속세 및 증여세법 제54조)					㊲ 신고납부	6.5억원
㉔ 감 정 평 가 수 수 료				「상속세 및 증여세법」 제68조 및 같은 법 시행령 제65조 제1항에 따라 증여세의 과세가액 및 과세표준을 신고하며, 위 내용을 충분히 검토하였고 신고인이 알고 있는 사실을 그대로 적었음을 확인합니다. 2025년 4월 30일 신고인 홍길동 (서명 또는 인) 세무대리인은 조세전문자격자로서 위 신고서를 성실하고 공정하게 작성하였음을 확인합니다. 세무대리인 고경희 세무사 (서명 또는 인)		
㉕ 과 세 표 준 (㉑-㉒-㉓-㉔)			125억원			
㉖ 세 율 (10%, 20%)			20%			
㉗ 산 출 세 액			13억원			
세액공제	㉘ 세액공제 합계(㉙ + ㉚)					
	㉙ 납 부 세 액 공 제 (「상속세 및 증여세법」 제58조)					
	㉚ 외 국 납 부 세 액 공 제 (「상속세 및 증여세법」 제59조)			**삼성세무서장** 귀하		

신고인 제출서류	1. 증여재산평가 및 과세가액계산명세서(부표 1) 1부 2. 채무사실 등 그 밖의 입증서류 1부 3. 창업자금 특례신청서 또는 주식 등 특례신청서 1부 4. 가업승계 증여세 납부유예 신청서 1부	수수료 없음
담당공무원 확인사항	1. 주민등록표등본 2. 증여자 및 수증자의 관계를 알 수 있는 가족관계등록부	

행정정보 공동이용 동의서

본인은 이 건 업무처리와 관련하여 담당 공무원이 「전자정부법」 제36조제1항에 따른 행정정보의 공동이용을 통하여 위의 담당 공무원 확인 사항을 확인하는 것에 동의합니다.   * 동의하지 않는 경우에는 신고인이 직접 관련 서류를 제출하여야 합니다.

신고인   (서명또는 인)

210mm×297mm[백상지 80g/㎡]

[별지 제10호의2서식 부표 2] 〈개정 2023.3. .〉

| 관리번호 | - |

가업승계 주식 등 증여재산평가 및 과세가액 계산명세서

① 증여일 현재 주식 등의 가액				15,000,000,000
사업관련 자산가액 비율	② 총자산가액			50,000,000,000
	사업무관 자산가액	㉮	「법인세법」제55조의2 해당자산	
		㉯	「법인세법 시행령」제49조 해당자산 및 임대용부동산	4,500,000,000
		㉰	「법인세법 시행령」제61조제1항 제2호 해당자산	500,000,000
		㉱	과 다 보 유 현 금	
		㉲	영업활동과 직접 관련없이 보유하는 주식·채권 및 금융상품	
		③ 사업무관자산 가액 계		5,000,000,000
	④ 사업관련 자산가액 (② - ③)			45,000,000,000
	⑤ 사업관련 자산가액 비율 (④ ÷ ②)			90%
과세특례 적용 전 증여세 과세가액 계산	⑥ 가업자산상당액 (① × ⑤)			13,500,000,000
	⑦ 기 과세특례적용분 증여세 과세가액			
	⑧ 합계액 (⑥ + ⑦)			13,500,000,000
과 세 특 례 적 용 한 도 금 액 계 산	⑨ 총한도액 (※)			60,000,000,000
	⑩ 기 과세특례적용분 증여세과세가액 (= ⑦)			
	⑪ 계 (⑨ - ⑩)			60,000,000,000
과세특례 적용대상 증여세 과세가액	⑫ ⑧과 ⑪ 중 적은금액 [다만, ⑧ 〈 ⑨이면, (⑧ - ⑦)의 금액]			13,500,000,000
기본세율 적용대상 가액	⑬ 증여재산가액 (① - ⑫)			1,500,000,000

※ 총한도액

가업영위기간	한도액
10년 이상 20년 미만	300억원
20년 이상 30년 미만	400억원
30년 이상	600억원

작성방법

1. "① 증여일 현재 주식 등의 가액"란은 증여재산 중 가업에 해당하는 법인의 주식 등의 가액을 적습니다.
2. "② 총자산가액"은 증여일 현재 해당 법인의 전체 자산을 「상속세 및 증여세법」 제4장에 따라 평가한 가액을 적습니다.
3. 사업무관자산 가액의 ㉮~㉲란은 「상속세 및 증여세법 시행령」 제15조제5항제2호가목부터 마목까지에 해당하는 가액을 각각 적습니다.
4. "④ 사업관련 자산가액"란은 ② 총자산가액에서 ③ 사업무관자산 가액의 합계액을 뺀 가액을 적습니다.
5. "⑥ 가업자산상당액"란은 "① 증여일 현재 주식 등의 가액"에 "⑤사업관련 자산가액 비율"을 곱한 가액을 적습니다.
6. "⑦ 기 과세특례적용분 증여세과세가액"란에는 해당 증여일 전에 동일 과세특례를 적용받은 증여재산에 대한 과세가액을 「조세특례제한법」 제30조의6 제2항에 따라 주식등을 증여받아 가업을 승계한 거주자가 2인 이상인 경우 종전 거주자가 수증한 주식등을 포함한다)을 적습니다.
7. "⑬ 증여재산가액"의 금액은 「증여세 과세표준신고 및 자진납부계산서(별지 제10호서식)」 "⑰ 증여재산가액"에 적어 증여세 과세표준 및 세액을 작성해야 합니다.

[별지 제11호의7서식] (2015.3.13. 개정)

주식등 특례신청서

※ [ ]에는 해당되는 곳에 √표를 합니다.

1. 인적사항

수증자	① 성 명	홍길동	② 주민등록번호	760215-******
	③ 주 소	서울 강남 테헤란로** 대한아파트 101-101 (☎02-1234-5678)		
	④ 증여자와의 관계	자녀	전자우편주소	hong@empal.com

2. 증여자 및 가업승계 법인 현황

증 여 자 (가업법인 주식 등 증여자)		승계대상 가업법인 현황	
⑤ 성 명	홍갑돌 (☎)	⑪ 법인명	㈜갑법인 (☎)
⑥ 주민등록번호	451015-******	⑫ 사업자등록번호	113-81-******
⑦ 주 소	서울 강남 테헤란로*궁전빌라	⑬ 업종	(업태) 제조 (종목)섬유
⑧ 가업법인의 최대주주여부	[○]해당 [ ]해당하지 않음	⑭ 개업일	1992.3.1.
⑨ 특수관계자 포함 보유주식수(지분율)	총 120,000 (지분율:80%)	⑮ 발행주식총수	200,000주
⑩ 가업영위기간	1993.3.1.~2025.1.15.	⑯ 중소기업 여부	[○]해당 [ ]해당하지 않음
		⑰ 상장여부(일자)	[ ]상장(. .) [○]비상장

3. 가업법인 주식등 증여현황

⑱ 수증일	⑲ 수량	⑳ 수증 주식등 지분율	㉑ 단가	㉒ 주식 등 가액 (⑲×㉑)	㉓ 과세특례 적용대상 증여세 과세가액
2025.1.15.	100,000	50%	@150,000	150억원	135억원

「조세특례제한법」제30조의6 제3항에 따라 위와 같이 가업승계 주식등에 대한 증여세 과세특례를 신청합니다.

2025년 4월 30일

제출자　　　　　　　　　홍길동 (서명 또는 인)

삼성세무서장 귀하

제출서류	1. 가업법인의 중소기업기준검토표(「법인세법 시행규칙」 별지 제51호서식을 말합니다) 2. 가업승계 법인의 증여일 현재와 직전 10년간의 사업연도의 주주현황 각 1부 3. 그 밖에 가업승계 사실을 입증할 수 있는 서류	수수료 없음

작성방법

1. ⑧, ⑨, ⑬~⑰란은 증여일이 속하는 사업연도의 직전 사업연도말 기준으로 작성합니다.
2. "㉒ 주식 등 가액"란은 증여일 현재 「상속세 및 증여세법」에 따라 평가한 가액을 적습니다.
3. "㉓ 과세특례 적용대상 증여세 과세가액"란은 "가업승계 주식 등 증여재산평가 및 과세가액 계산명세서(「상속세 및 증여세법 시행규칙」별지 제10호의2서식 부표 2)"의 ⑫의 금액을 적습니다.

210㎜×297㎜[중질지(80g/㎡(재활용품)]

중소기업 가업상속에 대한 상속세의 납부유예

Ⅰ 의의

2022.12.31. 세법개정시 중소기업의 원활한 가업상속을 지원하고자 중소기업의 가업상속 시 상속인의 선택에 따라 가업상속공제를 적용받는 대신 상속세의 납부유예를 허가 받을 수 있도록 신설하여 상속세 납부 부담을 완화하였다. 이 제도는 일정한 요건을 충족한 중소기업에 해당하는 가업을 상속받은 상속인에 대하여 상속을 받은 시점에 상속세를 곧바로 징수하지 않고 해당 가업상속재산을 양도하거나 상속, 증여하는 시점에 상속세를 납부하도록 하는 제도이다. 2023.1.1. 이후 상속분부터 적용한다.

Ⅱ 상속세의 납부유예

1. 상속세의 납부유예 요건

납세지 관할세무서장은 납세의무자가 다음의 요건을 모두 갖추어 상속세의 납부유예를 신청하는 경우에는 대통령령으로 정하는 금액에 대하여 납부유예를 허가할 수 있다(상증법 §72의2 ①).

(1) 중소기업의 가업상속에 해당할 것

상속인이 상속세및증여세법 제18조의2 제1항에 따른 가업으로서 중소기업을 상속받아야 한다. 이때 상속세 납부유예 대상이 되는 중소기업이란 같은법 시행령 제15조 제1항에 따른 가업상속공제 대상 중소기업을 말하는 것으로 상속개시일이 속하는 소득세 과세기간 또는 법인세 사업연도의 직전 소득세 과세기간 또는 법인세 사업연도 말 현재 다음의 요건을 모두 갖춘 중소기업을 말한다. 구체적인 내용은 가업상속공제 편의 중소기업의 범위를 참조하기 바란다.

① 상속세및증여세법 시행령 별표에 따른 업종을 주된 사업으로 영위할 것
② 조세특례제한법 시행령 제2조 제1항 제1호 및 제3호의 요건을 충족할 것
③ 자산총액이 5천억원 미만일 것

(2) 가업상속공제 또는 영농상속공제를 적용받지 않았을 것

해당 가업에 대하여 상속세및증여세법 제18조의2 제1항에 따른 가업상속공제를 받지 아니하여야 한다. 이 경우 상속세및증여세법 제18조의4에 따라 가업상속공제 대신 영농상속공제를 받은 경우에는 가업상속공제를 받은 것으로 본다.

(3) 납세담보를 제공할 것

상속세 납부유예 허가를 받으려는 납세의무자는 담보를 제공하여야 한다(상증법 §72의2 ②).

2. 납부유예 대상 상속세

(1) 유예되는 상속세 계산

상속인이 상속받은 가업상속재산을 양도 및 상속·증여하는 시점까지 유예되는 상속세는 다음과 같이 계산하며, 여기서 '상속세 납부세액'은 일반세율을 적용하여 계산한다.

$$\text{납부유예할 수 있는 상속세 납부세액} = \text{상속세 납부세액} \times \frac{\text{가업상속재산가액}}{\text{총 상속재산가액}}$$

(2) 가업상속재산가액의 범위

납부유예할 수 있는 상속세 납부세액을 계산할 때 계산 산식에서 "가업상속재산가액"이란 상속세및증여세법 시행령 제15조에 따른 가업상속재산가액을 말하는 것으로 다음과 같다.(상증령 §69의3 ①).

(가) 개인기업의 경우

상속재산 중 가업에 직접 사용되는 토지, 건축물, 기계장치 등 사업용 자산의 가액에서 해당 자산에 담보된 채무액을 뺀 가액을 말한다. 여기서 '사업용 자산'은 가업에 직접 사용되는 사업용 비유동자산으로 유형자산 및 무형자산을 의미한다(서면-2020-상속증여-3741, 2021.3.31.).

> 개인기업 상속시 가업상속재산가액 = 사업용 자산가액 - 사업용 부채가액*
> * 사업용 자산에 담보된 부채 등

(나) 법인기업의 경우

법인세법을 적용받는 가업(법인기업)의 경우에는 상속재산 중 가업에 해당하는 법인의 주식등을 말한다. 이 경우 주식 등은 해당 주식등의 가액에 그 법인의 총자산가액 중 상속개시일 현재 사업무관자산을 제외한 자산가액(사업용자산가액)이 차지하는 비율을 곱하여 계산한 금액에 해당하는 것을 말한다(상증령 §15 ⑤).

> 주식등 가액 × (1 - 법인의 총자산가액중 사업무관자산이 차지하는 비율)

상기에서 사업무관자산이란 다음의 어느하나에 해당하는자산을 말하며, 법인의 총자산가액 및 사업무관자산은 상속개시일 현재 상속세및증여세법 제60조부터 제66조에 따라 평가한 가액을 말한다.
① 법인세법 제55조의2(토지등 양도소득에 대한 과세특례)에 해당하는 자산
② 법인세법 시행령 제49조(업무와 관련이 없는 자산의 범위 등)에 해당하는 자산 및 타인에게 임대하고 있는 부동산(지상권 및 부동산임차권 등 부동산에 관한 권리를 포함한다)은 사업무관자산에 해당한다.

그러나 2025.2.28.이후 상속개시분부터 해당 법인이 소유한 주택(주택법 제2조

제6호에 따른 국민주택규모 이하인 주택 또는 상속개시일 현재 소득세법 제99조 제1항에 따른 기준시가가 6억원 이하인 주택으로 한정한다)으로서 해당 법인의 임원 및 직원에게 5년 이상 계속하여 무상으로 임대하고 있는 주택은 사업무관자산에 해당되지 않는다. 이 경우 "임원 및 직원"에는 다음의 어느 하나에 해당하는 자는 제외한다.
- ⓐ 해당 법인의 발행주식총수 또는 출자총액의 100분의 1 이상의 주식등을 소유한 주주 등
- ⓑ 해당 법인의 상속세및증여세법 제63조 제3항 전단에 따른 최대주주 또는 최대출자자와 같은법 시행령 제2조의2 제1항 제1호의 관계에 있는 자

③ 법인세법 시행령 제61조 제1항 제2호에 해당하는 자산 즉, 대여금(금전소비대차계약 등에 의하여 타인에게 대여한 금액)은 사업무관자산에 해당한다. 다만, 2025.2.28.이후 상속개시분부터 임원 및 직원[상기 2)의 "임원 및 직원"의 범위와 동일하다]에게 대여한 다음의 어느 하나에 해당하는 자산은 제외한다.
- ⓐ 임직원 본인 또는 자녀의 학자금
- ⓑ 주택(대여일 당시 소득세법 제99조 제1항에 따른 기준시가가 6억원 이하인 주택으로 한정한다)에 대한 전세금(주택의 등기를 하지 않은 전세계약에 따른 임대차보증금을 포함한다)

④ 과다보유현금은 사업무관자산에 해당한다. 이 경우 과다보유현금이란 상속개시일 직전 5개 사업연도 말 평균 현금(요구불예금 및 취득일부터 만기가 3개월 이내인 금융상품을 포함한다)보유액의 200%(2025.2.28.전에 상속이 개시된 경우에는 150%)를 초과하는 것을 말한다.

⑤ 법인의 영업활동과 직접 관련이 없이 보유하고 있는 주식, 채권 및 금융상품 (④에 해당하는 것은 제외한다)

Ⅲ 피상속인 및 상속인 요건

중소기업 가업상속에 대한 상속세의 납부유예 규정을 적용할 때 "가업"이란 상속세및증여세법 제18조의2 제1항에 따른 가업(중소기업으로 한정한다)을 말하는 것이

므로 피상속인 및 상속인 요건은 모두 동 규정에 따른 가업상속공제 요건과 동일하다. 따라서, 구체적인 요건 등은 제2절의 "가업상속공제" 부분을 참조하기 바란다.

Ⅳ. 상속세 납부유예의 신청 및 허가 기한

1. 납부유예의 신청기한

납부유예를 받으려는 자는 상속세 과세표준 신고시 상속세 납부유예 신청서를 납세지 관할세무서장에게 제출하여야 하며, 이 경우 납세담보를 제공하여야 한다. 상속세 납부유예 신청기한은 다음과 같다.

(1) 법정신고기한내 자진신고세액에 대한 납부유예 신청기한

상속세의 납부유예를 신청하려는 자는 상속세및증여세법 제67조 또는 제68조에 따른 상속세 과세표준 신고 또는 증여세 과세표준을 신고하는 경우에는 납부해야 할 세액에 대하여 기획재정부령으로 정하는 납부유예신청서를 상속세 및 증여세 과세표준 신고와 함께 납세지 관할세무서장에게 제출해야 한다.

(2) 수정신고 및 기한 후 신고한 세액에 대한 납부유예 신청기한

국세기본법 제45조에 따른 수정신고 또는 같은 법 제45조의3에 따른 기한 후 신고를 하는 경우에도 납부해야 할 세액에 대하여 기획재정부령으로 정하는 납부유예 신청서를 상속세 과세표준신고와 함께 납세지 관할세무서장에게 제출해야 한다.

(3) 납부고지서상 세액에 대한 납부유예 신청기한

법정신고기한 이내에 상속세 과세표준을 신고하지 않거나 당초 신고한 내용에 탈루 또는 오류가 있는 경우, 법정신고기한 이내에 자진신고한 세액으로서 전부·일부를 무납부한 경우에는 정부는 그 과세표준과 세액을 조사 등을 통하여 결정하게 된다. 납세의무자는 그 결과에 따라서 통지한 과세표준과 세액의 결정통지를 받은 자는 그 납부고지서에 의한 납부기한(연대납세의무자가 통지를 받은 경우에는 해당 납부고지서상의 납부기한을 말한다)까지 납부유예신청서를 제출할 수 있다.

(4) 납부유예 신청시 제출 서류

상속세 납부유예를 신청하려는 자는 다음의 서류를 납세지 관할 세무서장에게 제출해야 한다(상증령 §69의2 ①).

① 기획재정부령으로 정하는 납부유예신청서
② 상속세및증여세법 시행령 제15조 제22항에 따른 가업상속재산명세서 및 가업상속 사실을 입증할 수 있는 서류(같은 법 제72조의2 제1항에 따라 신청하는 경우만 해당한다, 즉, 상속인이 가업을 상속받고 가업상속공제를 적용받지 않은 경우 해당한다)
③ 조세특례제한법 제30조의 6에 따른 과세특례를 적용받거나 같은 법 제30조의 7에 따른 납부유예 허가를 받았음을 증명할 수 있는 서류(법 제72조의2 제6항 제1호에 따라 신청하는 경우만 해당한다. 즉, 주식지분이 감소하였거나 가업승계에 대한 증여세 과세특례를 받아 납부유예 재신청시 해당한다)
④ 가업상속공제를 받거나 같은법 제72조의2 제1항에 따른 납부유예 허가를 받았음을 증명할 수 있는 서류(법 제72조의2 제6항 제2호에 따라 신청하는 경우만 해당한다, 즉, 가업을 상속받은 상속인이 사망하고, 그 상속인의 가업을 다시 상속을 받은 상속인이 납부유예 신청시 해당한다)

2. 상속세 납부유예의 허가기한

납부유예신청서를 받은 세무서장은 다음에 따른 기간 이내에 신청인에게 허가 여부를 서면으로 결정·통지해야 한다. 이 경우 해당 기간까지 허가 여부에 대한 서면을 발송하지 않은 때에는 허가를 한 것으로 본다(상증령 §69의2 ②).

(1) 상속세 과세표준을 신고한 경우 허가기한

상속세 및 증여세법 제67조에 따른 상속세 과세표준신고기한이 경과한 날부터 9개월

(2) 증여세 과세표준을 신고한 경우 허가기한

상속세및증여세법 제68조에 따른 증여세 과세표준신고기한이 경과한 날부터 6개월

(3) 수정신고 및 기한 후 신고한 세액에 대한 납부유예 허가기한

국세기본법 제45조에 따른 수정신고 또는 같은법 제45조의3에 따른 기한후 신고한 날이 속하는 달의 말일부터 9개월(상속세및증여세법 제72조의2 제6항 제1호에 따라 신청하는 경우에는 6개월)

(4) 납부고지서상 세액에 대한 납부유예 허가기한

납부고지서에 따른 납부기한이 지난 날부터 14일

❙ 납부유예 신청기한 및 허가기한 요약 ❙

구 분	납부유예 신청기한	납부유예 허가기한
법정신고기한 이내에 자진신고한 세액	법정신고기한 이내	법정신고기한 경과한 날부터 9개월(6개월)
수정신고 또는 기한후 신고한 세액	수정신고 또는 기한후 신고할 때	신고한 날이 속하는 달의 말일부터 9개월(6개월)
납부고지서상 세액	납부고지서상 납부기한 이내	납부고지서에 따른 납부기한이 지난날로부터 14일 이내

3. 납부유예 허가통지 전 가산금의 면제

과세표준과 세액의 결정통지를 받은 자가 납부유예를 신청한 경우로서 납부고지서에 따른 납부기한을 경과하여 납부유예 허가여부를 통지하여 그 납부유예세액을 징수할 때에는 납부유예 허가여부 통지일 이전에 한정하여 국세기본법 제47조의4 제1항 제1호(납부고지서에 따른 납부기한의 다음 날부터 성립하는 부분으로 한정한다) 및 제3호의 납부지연가산세를 부과하지 않는다(상증령 §69의2 ③).

4. 납부유예 신청시 담보제공

납세의무자는 상속세 납부유예 신청서를 납세지 관할세무서장에게 제출하여야 하며, 이 경우 납세담보를 제공하여야 하며, 이 경우 납세 담보의 제공 및 해제에 관하여는 국세징수법 제18조부터 제23조까지의 규정을 준용한다(상증령 §69조의2 ④).

V 상속세 납부유예 적용 후 사후관리위반시 상속세 추징

1. 사후관리 요건 위반시 유예된 상속세 및 이자상당액 추징

납세지 관할세무서장은 상속인이 대통령령으로 정하는 정당한 사유 없이 아래 (1) ~ (5)의 어느 하나에 해당하는 경우 상속세의 납부유예 허가를 취소하거나 변경하고, 해당 호에 따른 세액과 대통령령으로 정하는 바에 따라 계산한 이자상당액을 징수한다(상증법 §72의2 ③). 납세지 관할 세무서장은 납부유예 허가를 받은 상속인이 동 규정에 따른 사후관리 요건에 위반하는지 매년 확인·관리해야 한다(상증령 §69의3).

(1) 소득세법을 적용받는 가업을 상속받은 경우로서 가업용 자산의 100분의 40이상을 처분한 경우

소득세법을 적용받는 가업을 상속받은 경우로서 가업용 자산의 100분의 40 이상을 처분한 경우에는 납부유예된 세액 중 처분 비율을 고려하여 다음과 같이 계산한 세액을 징수한다.

> 상속세및증여세법 제72조의2 제1항에 따라 납부유예된 세액 × 가업용자산의 처분비율

상기에서 가업용 자산의 처분비율은 ①의 가액에서 ②의 가액이 차지하는 자산처분비율로 계산한다(상증령 §15 ⑩).

① 상속개시일 현재 상속세및증여세법 시행령 제15조 제9항에 따른 가업용 자산의 가액, 즉 가업에 직접 사용되는 토지, 건축물, 기계장치 등 사업용 자산

② 가업용 자산중 처분(사업에 사용하지 않고 임대하는 경우를 포함한다)한 자산의 상속개시일 현재의 가액

> ● **가업용자산의 처분비율(40%) 계산방법**
>
> $$② / ① \geq 40\%$$
>
> ① 상속개시일 현재 사업용고정자산의 가액
> ② 처분(임대) 자산의 상속개시일 현재 가액

(2) 상속인이 가업에 종사하지 않게 된 경우

해당 상속인이 가업에 종사하지 않게 된 경우에는 납부유예된 세액의 전부를 징수한다. 이 경우 다음의 경우는 해당 상속인이 가업에 종사하지 않게 된 것으로 본다(상증령 §69의3 ④).

① 상속개시일부터 5년 이내의 기간 중에 상속인(상속세및증여세법 시행령 제15조 제3항 제2호 후단에 해당하는 경우에는 상속인의 배우자)이 대표이사등으로 종사하지 아니하는 경우
② 해당 가업을 1년 이상 휴업(실적이 없는 경우를 포함한다)하거나 폐업하는 경우

(3) 주식등을 상속받은 상속인의 지분이 감소한 경우

주식등을 상속받은 상속인의 지분이 감소한 경우에는 다음의 구분에 따른 세액을 징수한다.

① 상속개시일부터 5년 이내에 감소한 경우: 납부유예된 세액의 전부
② 상속개시일부터 5년 후에 감소한 경우: 납부유예된 세액 중 지분 감소 비율을 고려하여 다음과 같이 계산한 세액

> $$\text{세액} = A \times (B \div C)$$
>
> A: 상속세및증여세법 제72조의2 제1항에 따라 납부유예된 세액
> B: 감소한 지분율
> C: 상속개시일 현재 지분율

'주식등을 상속받은 상속인의 지분이 감소한 경우'에는 다음에 해당하는 경우도 포함한다.(상증령 §69의3 ⑤).
① 상속인이 상속받은 주식등을 처분하는 경우
② 해당 법인이 유상증자할 때 상속인의 실권 등으로 지분율이 감소한 경우
③ 상속인의 특수관계인이 주식 등을 처분하거나 유상증자할 때 실권 등으로 상속인이 최대주주등에 해당되지 아니하게 되는 경우

(4) 고용유지 70% 요건을 위배한 경우

다음에 모두 해당하는 경우에는 납부유예된 세액의 전부를 징수한다. 이 경우 정규직근로자의수 및 총급여액의 범위는 상속세및증여세법 제18조의2 제5항 제4호 각목을 준용한다.
① 상속개시일부터 5년간 대통령령으로 정하는 정규직 근로자 수의 전체 평균이 상속개시일이 속하는 소득세 과세기간 또는 법인세 사업연도의 직전 2개 소득세 과세기간 또는 법인세 사업연도의 정규직근로자 수의 평균의 100분의 70에 미달하는 경우
② 상속개시일부터 5년간 대통령령으로 정하는 총급여액의 전체 평균이 상속개시일이 속하는 소득세 과세기간 또는 법인세 사업연도의 직전 2개 소득세 과세기간 또는 법인세 사업연도의 총급여액의 평균의 100분의 70에 미달하는 경우

(5) 해당 상속인이 사망하여 상속이 개시되는 경우

해당 상속인이 사망하여 상속이 개시되는 경우에는 납부유예된 세액의 전부를 징수한다.

2. 사후관리요건 위반에 정당한 사유가 있는 경우 상속세 추징 제외

상속세납부유예를 받은 상속인이 상속개시일부터 5년 이내에 해당 가업용 자산의 40% 이상을 처분하거나 해당 상속인이 가업에 종사하지 않게 되거나 또는 주식 등을 상속받은 상속인의 지분이 감소된 것에 대하여 아래의 (1), (2), (3)의 구분에 따른 정당한 사유가 있는 경우에는 상속세가 추징되지 아니한다(상증령 §69의2 ②).

(1) 해당 가업용 자산의 40%이상 처분한 것에 정당한 사유가 있는 경우

여기서 정당한 사유라 함은 다음의 어느 하나에 해당하는 경우를 말한다(상증령 §69의2 ②).

① 가업용 자산이 공익사업을 위한 토지 등의 취득 및 보상에 관한 법률 그 밖의 법률에 따라 수용 또는 협의 매수되거나 국가 또는 지방자치단체에 양도되거나 시설의 개체(改替), 사업장 이전 등으로 처분되는 경우. 다만, 처분자산과 같은 종류의 자산을 대체 취득하여 가업에 계속 사용하는 경우에 한하며, 이 경우 "처분자산과 같은 종류의 자산을 대체 취득하여 가업에 계속 사용하는 경우"는 처분 즉시 처분자산 양도가액 이상의 금액에 상당하는 같은 종류의 자산을 취득하여 가업에 계속 사용하는 경우를 말한다(서면-2019-상속증여-3357, 2020.4.21.).

② 가업용 자산을 국가 또는 지방자치단체에 증여하는 경우

③ 합병·분할, 통합, 개인사업의 법인전환 등 조직변경으로 인하여 자산의 소유권이 이전되는 경우. 다만, 조직변경 이전의 업종과 같은 업종을 영위하는 경우로서 이전된 가업용 자산을 그 사업에 계속 사용하는 경우에 한한다.

④ 내용연수가 지난 가업용 자산을 처분하는 경우

⑤ 상속세및증여세법 시행령 제15조 제11항 제2호에 따른 가업의 주된 업종 변경과 관련하여 자산을 처분하는 경우로서 변경된 업종을 가업으로 영위하기 위하여 자산을 대체취득하여 가업에 계속 사용하는 경우

⑥ 가업용 자산의 처분금액을 조세특례제한법 제10조에 따른 연구인력개발비로 사용하는 경우

(2) 상속인이 가업에 종사하지 않게 된 것에 정당한 사유가 있는 경우

여기서 정당한 사유라 함은 다음의 어느 하나에 해당하는 경우를 말한다(상증령 §69의2 ②).

① 가업 상속받은 재산을 국가 또는 지방자치단체에 증여하는 경우

② 상속인이 법률의 규정에 의한 병역의무의 이행, 질병의 요양, 취학상 형편 등으로 가업이나 영농에 직접 종사할 수 없는 사유가 있는 경우를 말한다. 다만,

그 부득이한 사유가 종료된 후 가업 또는 영농에 종사하지 아니하거나 가업상속 또는 영농상속받은 재산을 처분하는 경우를 제외한다.

(3) 주식 등을 상속받은 상속인 지분이 감소된 것에 대하여 정당한 사유가 있는 경우

여기서 정당한 사유라 함은 다음의 어느 하나에 해당하는 경우를 말한다(상증령 §69의2 ②).

① 합병·분할 등 조직변경에 따라 주식등을 처분하는 경우. 다만, 상속인이 합병법인 또는 분할신설법인 등 조직변경에 다른 법인의 최대주주 등에 해당하는 경우에 한한다.
② 해당 법인의 사업확장 등에 따라 유상증자 할 때 상속인의 특수관계인 외의 자에게 주식 등을 배정함에 따라 상속인의 지분율이 낮아지는 경우. 다만, 상속인이 최대주주 등에 해당하는 경우에 한한다.
③ 주식등을 국가 또는 지방자치단체에 증여하는 경우
④ 자본시장과 금융투자업에 관한 법률 제390조에 따른 상장규정을 충족하기 위해 지분이감소되는 경우. 다만, 상속인이 최대주주등에 해당하는 경우에 한정한다.
⑤ 주주 또는 출자자의 주식 및 출자지분의 비율에 따라서 무상으로 균등하게 감자하는 경우
⑥ 채무자 회생 및 파산에 관한 법률에 따른 법원의 결정에 따라 무상으로 감자하거나 채무를 출자전환하는 경우

3. 사후관리요건 위반시 납부유예 상속세의 자진신고 납부기한

(1) 추징 상속세 자진신고 및 납부

상속세및증여세법 제72조의2 제1항에 따라 상속세 납부유예 허가를 받은 자는 상속인이 같은 조 제3항 각 호의 어느 하나에 해당하는 사후관리 규정을 위반한 경우에는 그 날이 속하는 달의 말일부터 6개월 이내에 납세지 관할세무서장에게 신고하고 해당 상속세와 이자상당액을 납세지 관할세무서, 한국은행 또는 체신관서에 납부하여야 한다. 다만, 같은 조 제3항에 따라 이미 상속세와 이자상당액이 징수된

경우에는 그러하지 아니하다(상증법 §72의2 ④).

상속세와 이자상당액을 납부하는 때에는 기획재정부령으로 정하는 납부유예 추징사유 신고 및 자진납부 계산서를 납세지 관할 세무서장에게 제출하여야 한다(상증령 §69의3 ⑦).

(2) 이자상당액 계산방법

상속세및증여세법 제72조의2 제1항에 따라 납부유예된 상속세를 같은조 제3항의 사후관리규정 위반으로 상속세를 부과할 때 ①의 금액에 ②의 기간과 ③의 율을 곱하여 계산한 이자상당액을 납부해야 한다(상증령 §69의3 ⑦).

① 상속세및증여세법 제72의2 제3항 각호에 따른 상속세액
② 당초 상속받은 가업상속재산에 대한 상속세 과세표준신고기한의 다음 날부터 같은법 제72조의2 제3항 각 호의 사유가 발생한 날까지의 기간
③ 상속세및증여세법 제72조의2 제3항에 따른 납부유예 허가의 취소 또는 변경 당시의 국세기본법 시행령 제43조의3 제2항 본문에 따른 이자율을 365로 나눈 율. 다만, ②의 기간 중에 국세기본법 시행령 제43조의3 제2항 본문에 따른 이자율이 1회 이상 변경된 경우 그 변경 전의 기간에 대해서는 변경 전의 이자율을 365로 나눈 율을 적용한다.

(3) 납세유예 재신청시 이자율 경감

다음과 같이 상속세및증여세법 제72조의2 제6항에 해당하여 상속세와 이자상당액에 대하여 다시 납부유예되는 경우에는 상기 '(2)의 ③'에 100분의 50을 곱한 율을 적용하여 이자상당액을 경감하고 있다.

① 주식 등을 상속받은 상속인의 지분이 감소한 경우에 해당하는 경우로서 수증자가 조세특례제한법 제30조의6(가업의 승계에 대한 증여세 과세특례)에 따른 과세특례를 적용받거나 같은 법 제30조의7에 따른 납부유예 허가를 받은 경우
② 해당 상속인이 사망하여 상속이 개시되는 경우로서 다시 상속을 받은 상속인이 상속받은 가업에 대하여 가업상속공제를 받거나 상속세및증여세법 제72조의2 제1항에 따른 상속세 납부유예 허가를 받은 경우

4. 담보 변경·보전명령 불응 및 납부기한전 징수사유 발생시 유예된 상속세 및 이자상당액 추징

(1) 납부유예 허가를 취소하거나 변경 사유

납세지 관할세무서장은 납부유예 허가를 받은 자가 다음의 어느 하나에 해당하는 경우 그 허가를 취소하거나 변경하고, 납부유예된 세액의 전부 또는 일부와 대통령령으로 정하는 바에 따라 계산한 이자상당액을 징수할 수 있다(상증법 §72의2 ⑤).
① 담보의 변경 또는 그 밖의 담보 보전에 필요한 관할 세무서장의 명령에 따르지 아니한 경우
② 다음과 같이 국세징수법 제9조(납부기한 전 징수) 제1항 각 호의 어느 하나에 해당되어 납부유예된 세액의 전액을 징수할 수 없다고 인정되는 경우
  ⓐ 국세, 지방세 또는 공과금의 체납으로 강제징수 또는 체납처분이 시작된 경우
  ⓑ 민사집행법에 따른 강제집행 및 담보권 실행 등을 위한 경매가 시작되거나 채무자 회생 및 파산에 관한 법률에 따른 파산선고를 받은 경우
  ⓒ 어음법 및 수표법에 따른 어음교환소에서 거래정지처분을 받은 경우
  ⓓ 법인이 해산한 경우
  ⓔ 국세를 포탈(逋脫)하려는 행위가 있다고 인정되는 경우
  ⓕ 납세관리인을 정하지 아니하고 국내에 주소 또는 거소를 두지 아니하게 된 경우

(2) 이자상당액의 계산

"이자상당액"은 ①의 금액에 ②의 기간과 ③의 율을 곱하여 계산한 금액을 말한다(상증령 §69의3 ⑨).
① 상속세및증여세법 제72의2 제5항에 따라 결정한 세액
② 당초 상속받은 가업상속재산에 대한 상속세 과세표준신고기한의 다음 날부터 법 제72조의2 제5항 각 호의 사유가 발생한 날까지의 기간
③ 상속세및증여세법 제72조의2 제5항에 따른 납부유예 허가의 취소 또는 변경 당시의 국세기본법 시행령 제43조의3 제2항 본문에 따른 이자율을 365로 나

눈 율. 다만, ②의 기간 중에 국세기본법 시행령 제43조의3 제2항 본문에 따른 이자율이 1회 이상 변경된 경우 그 변경 전의 기간에 대해서는 변경 전의 이자율을 365로 나눈 율을 적용한다.

$$\text{이자상당액} = \text{상속세} \times \text{국세환급가산금 이자율} \times \frac{\text{상속세 신고기한의 다음날부터 추징사유가 발생한 날까지의 시간}}{365}$$

VI 상속세 납부유예 재허가 신청 가능

주식 등을 상속받은 상속인의 지분이 감소한 경우에 해당하거나 해당 상속인이 사망하여 상속이 개시되는 경우에 해당하여 납부유예된 세액과 이자상당액을 납부하여야 하는 자는 다음의 어느 하나에 해당하는 경우 납세지 관할세무서장에게 해당 세액과 이자상당액의 납부유예 허가를 신청할 수 있다(상증법 §72의2 ⑥).
① 주식 등을 상속받은 상속인의 지분이 감소한 경우에 해당하는 경우로서 수증자가 조세특례제한법 제30조의6(가업의 승계에 대한 증여세 과세특례)에 따른 과세특례를 적용받거나 같은 법 제30조의7에 따른 납부유예 허가를 받은 경우
② 해당 상속인이 사망하여 상속이 개시되는 경우로서 다시 상속을 받은 상속인이 상속받은 가업에 대하여 가업상속공제를 받거나 상속세및증여세법 제72조의2 제1항에 따른 상속세 납부유예 허가를 받은 경우

이때 납부유예 허가 재신청에 관하여는 상속세및증여세법 제72조의2 제2항부터 제5항까지의 규정(제3항 제4호는 제외한다)을 준용한다.

■ 상속세 및 증여세법 시행규칙 [별지 제12호의2서식] <신설 2023. 3. 20.>

가업상속 납부유예 신청서

가. 가업상속인(신청인)

성 명		주민등록번호	
가업종사기간		임원/대표이사 취임일	
주 소			(☎)
세무대리인	성 명	사업자등록번호	생년월일	연락처

나. 가업현황

상 호(법인명)		사업자등록번호	
성 명(대표자)		생 년 월 일	
개업연월일		업 종	
기준총급여액		기준고용인원	

다. 중소기업 여부 (해당되는 곳에 √ 표 기재)

중소기업 여부	[ ]해당 [ ]해당안됨	상장여부(상장일)	[ ]상장(. .) [ ]비상장

라. 피상속인

성 명		주민등록번호	
가업영위기간		대표이사(대표자) 재직기간	
최대주주등 여부		특수관계인포함 보유주식 등 지분율	

마. 가업상속 재산가액

종 류	수 량(면적)	단 가	가 액	비 고

바. 가업상속 납부유예를 신청하는 상속세 :   원

「상속세 및 증여세법」 제72조의2제1항 및 같은 법 시행령 제69조의2제1항에 따라 가업상속 납부유예를 신청합니다.

년   월   일

신청인   (서명 또는 인)
세무대리인   (서명 또는 인)

세무서장 귀하

등 기 승 낙 서

년 월 일 납세담보제공서에 표시된 부동산에 대하여 납세담보의 목적으로 저당권을 설정할 것을 승낙합니다.

년   월   일

신청인   (서명 또는 인)

세무서장 귀하

신청인 제출서류	1. 중소기업 등 기준검토표(「법인세법 시행규칙」 별지 제51호서식을 말합니다) 2. 가업상속재산이 주식 또는 출자지분인 경우에는 해당 주식 또는 출자지분을 발행한 법인의 상속개시일 현재와 직전 10년간의 사업연도의 주주현황 각 1부 3. 그 밖에 상속인이 해당 가업에 직접 종사한 사실을 입증할 수 있는 서류 1부	수수료 없음
담당공무원 확인사항	1. 토지 등기사항증명서 2. 건물 등기사항증명서	

작성방법

1. "나. 가업현황"에서 '업종'은 「상속세 및 증여세법 시행령」 별표에 따른 업종 중에서 해당 업종을 적습니다.
2. "나. 가업현황"에서 '기준총급여액'은 상속이 개시된 소득세 과세기간 또는 법인세 사업연도의 직전 2개 소득세 과세기간 또는 법인세 사업연도의 총급여액의 평균을 적습니다(최대주주 및 친족 등에게 지급한 임금은 제외하되, 가업상속공제 당시 기준고용인원에 최대주주 및 친족 등에 해당하는 인원만 있는 경우 이를 포함합니다).
3. "나. 가업현황"에서 '기준고용인원'은 상속이 개시된 소득세 과세기간 또는 법인세 사업연도의 직전 2개 소득세 과세기간 또는 법인세 사업연도의 정규직근로자 수의 평균을 적습니다.
4. "다. 중소기업 여부"에서 '중소기업'은 「조세특례제한법 시행령」 제2조제1항제1호 및 제3호의 요건을 모두 충족하고 자산총액이 5천억원 미만인 기업을 말합니다.
6. "마. 가업상속 재산가액"과 "바. 가업상속 납부유예를 신청하는 상속세"는 별지 제12호의2서식 부표 1(가업상속재산명세서) 및 같은 서식 부표 2(가업용 자산 명세)를 작성한 후 해당 금액 등을 적습니다.

210mm×297mm[백상지 80g/㎡]

■ 상속세 및 증여세법 시행규칙 [별지 제12호의2서식 부표 1] <개정 2025. 3. 21.>

가업상속재산명서

※ 뒤쪽의 작성방법을 읽고 작성하시기 바랍니다. (앞쪽)

가. 「소득세법」을 적용받는 가업

구 분	자산 종류	㉮ 금 액	㉯ 담보채무액	가업상속공제 대상금액 (㉮-㉯)
가업상속 재산가액	토지			
	건축물			
	기계장치			
	기타			
	① 계			

나. 「법인세법」을 적용받는 가업

② 상속개시일 현재 주식 등의 가액			
사업관련 자산가액 비율	③ 총자산가액		
	사업무관자산 가액	㉮ 「법인세법」 제55조의2 해당자산	
		㉯ 「법인세법 시행령」 제49조 해당 자산 및 임대용부동산	
		㉰ 「법인세법 시행령」 제61조제1항 제2호 해당자산	
		㉱ 과 다 보 유 현 금	
		㉲ 영업활동과 직접 관련없이 보유 하는 주식·채권 및 금융상품	
		④ 사업무관자산 가액 계	
	⑤ 사업관련 자산가액 (③ - ④)		
	⑥ 사업관련 자산가액 비율 (⑤ ÷ ③)		
⑦ 가업상속 재산가액 (② × ⑥)			

다. 가업상속 납부유예 가능 상속세 납부세액

⑧ 상속세 납부세액		⑨ 총 상속재산가액	
⑩ 납부유예 가능 세액 [⑧×{(① 또는 ⑦)÷⑨}]			

신청인 제출서류	1. 「소득세법」을 적용받는 가업의 경우: 가업에 직접 사용되는 사업용 자산 입증서류 2. 「법인세법」을 적용받는 가업의 경우: 주식평가내역 및 사업무관자산 가액을 확인할 수 있는 입증서류 (재무상태표 등)	수수료 없 음

210mm×297mm[백상지 80g/㎡(재활용품)]

(뒤쪽)

작성방법

1. "① 계"란은 「소득세법」을 적용받는 가업에 해당하는 경우에 적으며, 상속재산 중 가업에 직접 사용되는 토지(「소득세법」 제104조의3에 따른 비사업용 토지는 제외합니다), 건축물, 기계장치 및 그 밖의 사업용 자산의 가액에서 해당 자산에 담보된 채무액을 뺀 금액을 적은 후 그 합계액을 적습니다.

2. "② 상속개시일 현재 주식 등의 가액"란은 「법인세법」을 적용받는 가업에 해당하는 경우에 적으며, 상속재산 중 가업에 해당하는 법인의 주식 등의 가액을 적습니다.

3. "③ 총자산가액"란은 상속개시일 현재 해당 법인의 전체 자산을 「상속세 및 증여세법」 제4장에 따라 평가한 가액을 적습니다.

4. 사업무관자산 가액의 ㉮ ~ ㉲란은 「상속세 및 증여세법 시행령」 제15조제5항제2호가목부터 마목까지에 해당하는 가액을 각각 적습니다.

5. "⑤ 사업관련 자산가액"란은 "③ 총자산가액"에서 "④ 사업무관자산 가액 계"를 뺀 가액을 적습니다.

6. "⑦ 가업상속 재산가액"란은 "② 상속개시일 현재 주식 등의 가액"에 "⑥ 사업관련 자산가액 비율"을 곱한 가액을 적고, 해당 가액을 「가업상속 납부유예 신청서」의 "마. 가업상속 재산가액"란의 "가액"란에 적습니다.

7. "⑧ 상속세 납부세액"란에는 상속세과세표준신고 및 자진납부계산서(「상속세 및 증여세법 시행규칙」 별지 제9호서식)의 ㊱ 공제·면제 후 납부할 세액을 적습니다.

8. "⑨ 총 상속재산가액" 란은 상속으로 얻은 자산(「상속세 및 증여세법」 제13조에 따라 가산하는 증여재산을 포함한다)의 총액을 적습니다.

9. "⑪ 가업상속 납부유예 가능 상속세 납부세액"란의 금액을 가업상속 납부유예 신청서(「상속세 및 증여세법 시행규칙」 별지 제12호의2서식)의 "바. 가업상속 납부유예를 신청하는 상속세"란에 적습니다.

210mm×297mm[백상지 80g/㎡(재활용품)]

제3절 중소기업 가업상속에 대한 상속세의 납부유예

■ 상속세 및 증여세법 시행규칙 [별지 제12호의2서식 부표 2] <개정 2025. 3. 21.>

가업용 자산 명세

(단위 : 원)

일련번호	구분코드	소재지, 지목, 명칭 등	평가액

작 성 방 법

1. 다음 구분에 따라 가업용 자산을 적습니다.
   - 「소득세법」을 적용받는 가업: 가업에 직접 사용되는 토지(「소득세법」 제104조의3에 따른 비사업용 토지는 제외합니다), 건축물, 기계장치 등 사업용 자산
   - 「법인세법」을 적용받는 가업: 가업에 해당하는 법인의 사업에 직접 사용되는 사업용 고정자산(사업무관자산 제외)

2. 가업용 자산 명세는 별지 작성이 가능합니다.

3. 구분(코드)은 아래와 같습니다.

구분코드	①	②	
설명	토지	건축물	

210mm×297mm[백상지 80g/㎡(재활용품)]

중소기업 가업승계시 증여세의 납부유예

I 의의

중소기업의 원활한 가업승계를 지원하고자 중소기업의 가업승계 시 수증자의 선택에 따라 가업승계에 대한 증여세 과세특례를 적용받는 대신, 증여세의 납부유예를 허가 받을 수 있도록 2022.12.31. 세법개정시 신설하여 증여세 납부 부담을 완화하였다. 이 제도는 일정한 요건을 충족한 중소기업에 해당하는 가업을 승계한 수증자에 대하여 증여를 받은 시점에 증여세를 곧바로 징수하지 않고 해당 가업승계주식등을 향후 양도하거나 상속, 증여하는 시점에 유예된 증여세를 납부하도록 하는 제도이다. 2023.1.1.이후 증여분부터 적용한다.

II 가업승계에 대한 증여세의 납부유예 요건

1. 증여세 납부유예 요건

납세지 관할세무서장은 거주자가 아래의 요건을 모두 갖추어 증여세의 납부유예를 신청하는 경우에는 가업승계 주식등에 상당하는 증여세에 대하여 납부유예를 허가할 수 있다(조특법 §30의7 ①).

(1) 가업승계 목적으로 중소기업 주식등을 증여받을 것

18세 이상인 거주자가 60세 이상의 부모증여 당시 아버지나 어머니가 사망한 경우에는 그 사망한 아버지나 어머니의 부모를 포함한다)로부터 가업의 승계를 목적으로 부모가 10년 이상 계속하여 최대주주로서 경영한 해당 가업의 주식 또는 출자지분을 증여받아야 한다. 이때 가업은 상속세및증여세법 제18조의2 제1항에 따른 가업을 말하는 것으로 중소기업에 한한다. 즉, 증여세 납부유예 대상이 되는 중소기업이란 가업상속공제 대상이 되는 상속세 및 증여세법 시행령 제15조 제1항에 따른 중소기업을 말하는 것으로 증여일이 속하는 법인세 사업연도의 직전 법인세 사업연도 말 현재 다음의 요건을 모두 갖춘 중소기업을 말한다(조특령 §27조의7 ⑥). 구체적인 가업의 범위는 가업승계에 대한 증여세 과세특례 또는 가업상속공제 대상이 되는 가업의 범위를 참조하기 바란다.

① 상속세및증여세법 시행령 별표에 따른 업종을 주된 사업으로 영위할 것
② 조세특례제한법 시행령 제2조 제1항 제1호 및 제3호의 요건을 충족할 것
③ 자산총액이 5천억원 미만일 것

(2) 증여재산은 주식·출자지분이어야 함

가업승계에 따른 증여세 과세유예를 적용할 때 증여재산의 종류는 주식 또는 출자지분에 한하고 있다. 이 경우 주식은 주식회사의 지분을 말하며, 출자지분이라 함은 합명, 합자, 유한회사의 출자지분을 말한다. 그러므로 중소기업인 가업을 개인기업 형태로 영위하는 경우에는 가업의 승계에 따른 증여세 과세유예가 적용되지 않는다(재산-1556, 2009.7.27.).

(3) 수증자 또는 수증자의 배우자가 가업에 종사해야 함

해당 가업의 주식 또는 출자지분을 증여받은 자 또는 그 배우자가 상속세및증여세법 제68조에 따른 증여세 과세표준 신고기한까지 가업에 종사하고 증여일부터 3년 이내에 대표이사에 취임하여야 한다(조특법 §30의7 ⑥, 조특령 §27조의7 ⑤).

(4) 창업자금에 대한 증여세 과세특례 및 가업승계에 대하여 증여세 과세특례를 적용받지 않았을 것

거주자가 가업의 승계를 목적으로 증여받은 해당 가업의 주식 또는 출자지분에 대하여 조세특례제한법 제30조의5에 따른 창업자금에 대한 증여세 과세특례 또는 같은법 제30조의6에 따른 가업의 승계에 대한 증여세 과세특례를 적용받지 아니하였어야 한다.

(5) 법정 신청기한까지 납부유예를 신청할 것

조세특례제한법 제30조의7 제1항 또는 제6항에 따라 납부유예를 신청하려는 거주자는 상속세 및 증여세법 제67조 또는 제68조에 따른 상속세 과세표준신고 또는 증여세 과세표준신고(국세기본법 제45조에 따른 수정신고 또는 같은 법 제45조의3에 따른 기한 후 신고를 포함한다)를 할 때 증여세 납부유예 신청을 하여야 한다. 다만, 상속세 및 증여세법 제77조에 따라 과세표준과 세액의 결정 통지를 받은 자는 해당 납부고지서에 따른 납부기한까지 신청해야 한다. 납부유예 신청을 하지 아니한 경우에는 적용하지 아니한다(조특법 §30의7 ④).

(6) 납세담보를 제공할 것

납부유예 허가를 받으려는 납세의무자는 증여세 납부유예 신청서를 납세지 관할 세무서장에게 제출하여야 하며, 이 경우 납세담보를 제공하여야 한다. 이 경우 납세담보의 제공 및 해제에 관하여는 국세징수법 제18조부터 제23조까지의 규정을 준용한다(조특법 §30의7 ②, 조특령 §27의7 ④).

2. 납부유예 대상 증여세

(1) 납부유예되는 증여세 계산

거주자가 증여받은 가업승계주식등을 양도 및 상속·증여하는 시점까지 납부유예가 되는 증여세는 다음 계산식에 따라 계산하며(조특령 §27조의7 ⑤). '증여세 납부세액'은 일반 증여세율을 적용하여 계산한다.

$$\text{납부유예 가능 증여세} = \text{증여세 납부세액} \times \frac{\text{가업자산상당액}}{\text{총 증여재산가액}}$$

(2) 가업자산상당액의 범위

납부유예가 되는 증여세를 계산할 때 산식에서 '가업주식상당액'이란 증여받은 주식 또는 출자지분 중 상속세및증여세법 시행령 제15조 제5항 제2호를 준용하여 계산한 금액을 말한다. 즉, 법인세법을 적용받은 가업에 해당하는 법인의 주식 등의 가액에 그 법인의 총자산가액 중 증여일 현재 다음의 어느 하나에 해당하는 사업무관자산을 제외한 자산가액이 그 법인의 총자산가액에서 차지하는 비율을 곱하여 계산한 금액에 해당하는 것을 말한다(조특령 §27조의7 ⑤) 구체적인 내용은 상속세편의 "가업상속공제 제도"를 참조하기 바란다.

① 법인세법 제55조의2(토지등 양도소득에 대한 과세특례)에 해당하는 자산
② 법인세법 시행령 제49조(업무와 관련이 없는 자산의 범위 등)에 해당하는 자산 및 타인에게 임대하고 있는 부동산(지상권 및 부동산임차권 등 부동산에 관한 권리를 포함한다)은 사업무관자산에 해당한다.

그러나 2025.2.28.이후 증여분부터 해당 법인이 소유한 주택(주택법 제2조 제6호에 따른 국민주택규모 이하인 주택 또는 증여일 현재 소득세법 제99조 제1항에 따른 기준시가가 6억원 이하인 주택으로 한정한다)으로서 해당 법인의 임원 및 직원에게 5년 이상 계속하여 무상으로 임대하고 있는 주택은 사업무관자산에 해당되지 않는다. 이 경우 "임원 및 직원"에는 다음의 어느 하나에 해당하는 자는 제외한다.

ⓐ 해당 법인의 발행주식총수 또는 출자총액의 100분의 1 이상의 주식등을 소유한 주주등
ⓑ 해당 법인의 상속세및증여세법 제63조 제3항 전단에 따른 최대주주 또는 최대출자자와 같은법 시행령 제2조의2 제1항 제1호의 관계에 있는 자

③ 법인세법 시행령 제61조 제1항 제2호에 해당하는 자산 즉, 대여금(금전소비대차계약 등에 의하여 타인에게 대여한 금액)은 사업무관자산에 해당한다. 다만, 2025.2.28.이후 증여분부터 임원 및 직원[상기 2)의 "임원 및 직원"의 범위와 동일하다]에게 대여한 다음의 어느 하나에 해당하는 자산은 제외한다.

ⓐ 임직원 본인 또는 자녀의 학자금
ⓑ 주택(대여일 당시 소득세법 제99조 제1항에 따른 기준시가가 6억원 이하인 주택으로 한정한다)에 대한 전세금(주택의 등기를 하지 않은 전세계약에 따른 임대차보증금을 포함한다)
④ 과다보유현금은 사업무관자산에 해당한다. 이 경우 과다보유현금이란 증여일 직전 5개 사업연도 말 평균 현금(요구불예금 및 취득일부터 만기가 3개월 이내인 금융상품을 포함한다)보유액의 200%(2025.2.28.전에 증여받은 경우에는 150%)를 초과하는 것을 말한다.
⑤ 법인의 영업활동과 직접 관련이 없이 보유하고 있는 주식, 채권 및 금융상품(④에 해당하는 것은 제외한다)

상기에서 법인의 총자산가액 및 사업무관자산은 증여일 현재 상속세및증여세법 제60조부터 제66조에 따라 평가한 가액을 말한다.

> ▶ 증여세 과세유예가 적용되는 가업자산상당액
> 주식등 가액 × (1 - 법인의 총자산가액중 사업무관자산이 차지하는 비율)

Ⅲ 납부유예의 신청 및 허가 기한

1. 납부유예의 신청기한

조세특례제한법 제30조의7 제1항 또는 제6항에 따라 납부유예를 신청하려는 거주자는 상속세 및 증여세법 제67조 또는 제68조에 따른 상속세 과세표준신고 또는 증여세 과세표준신고(국세기본법 제45조에 따른 수정신고 또는 같은 법 제45조의3에 따른 기한 후 신고를 포함한다)를 할 때 납세유예신청서 등을 납세지 관할세무서장에게 제출하여야 한다(조특령 §27조의7 ①).

(1) 상속세 과세표준 신고를 한 경우 납부유예 신청기한

상속세 및 증여세법 제67조에 따른 상속세 과세표준신고를 할 때 납세유예신청서 등을 납세지 관할세무서장에게 제출하여야 한다.

(2) 증여세 과세표준을 신고한 경우 대한 납부유예 신청기한

상속세및증여세법 제68조에 따른 증여세 과세표준신고를 하는 경우에는 납부해야 할 세액에 대하여 기획재정부령으로 정하는 납부유예신청서를 증여세 과세표준신고와 함께 납세지 관할세무서장에게 제출해야 한다(조특법 §30의7 ⑧).

(3) 수정신고 및 기한 후 신고한 세액에 대한 납부유예 신청기한

국세기본법 제45조에 따른 수정신고 또는 같은 법 제45조의3에 따른 기한 후 신고를 하는 경우에도 납부해야 할 세액에 대하여 기획재정부령으로 정하는 납부유예신청서를 증여세 과세표준신고와 함께 납세지 관할세무서장에게 제출해야 한다.

(4) 납부고지서상 세액에 대한 납부유예 신청기한

법정신고기한 이내에 상속세 및 증여세 과세표준을 신고하지 않거나 당초 신고한 내용에 탈루 또는 오류가 있는 경우, 법정신고기한 이내에 자진신고한 세액으로서 전부·일부를 무납부한 경우에는 정부는 그 과세표준과 세액을 조사 등을 통하여 결정하게 된다. 납세의무자는 그 결과에 따라서 통지한 과세표준과 세액의 결정통지를 받은 자는 그 납부고지서에 의한 납부기한(연대납세의무자가 통지를 받은 경우에는 해당 납부고지서상의 납부기한을 말한다)까지 납부유예신청서를 제출할 수 있다(조특법 §30의7 ①).

(5) 납부유예 신청시 제출서류

납부유예를 받으려는 자는 가 다음 서류를 납세지관할세무서장에게 제출하여야 한다(조특령 §27의7 ①).

① 납부유예신청서

[별지 제11호의11서식] (2024. 3. 22.개정)

가업승계 증여세 납부유예신청서

가. 가업현황

상 호(법인명)		사업자등록번호	
성 명(대표자)		생 년 월 일	
개 업 연 월 일		업 종	
기 준 총 급 여 액		기 준 고 용 인 원	
세 무 대 리 인	성 명	사업자등록번호	생년월일	연락처

나. 중소기업 여부(해당되는 곳에 √표 기재)

중소기업 여부	[ ]해당 [ ]해당안됨	상 장 여 부 (상 장 일)	[ ]상장(. .) [ ]비상장

다. 증여자

성 명		주민등록번호	
가업영위기간		대 표 이 사 재 직 기 간	
최대주주등 여부		특수관계인포함 주식등지분율	

라. 수증자(신청인)

성 명		주민등록번호	
가업종사기간		임원/대표이사 취 임 일	
주 소		(☎)	

마. 가업법인 주식등 증여 현황

수 증 일	수 량	수증주식등 지 분 율	단 가	주식등 가액	비 고

바. 가업승계 증여세 납부유예 신청 세액 :   원

「조세특례제한법」 제30조의7 및 같은 법 시행령 제27조의7제1항에 따라 가업승계 증여세 납부유예를 신청합니다.

년 월 일

신청인   (서명 또는 인)

세무서장 귀하

등 기 승 낙 서

년 월 일 납세담보제공서에 표시된 부동산에 대하여 납세담보의 목적으로 저당권을 설정할 것을 승낙합니다.

년 월 일

신청인   (서명 또는 인)

세무서장 귀하

신청인 제출서류	1. 중소기업 등 기준검토표(「법인세법 시행규칙」 별지 제51호서식을 말합니다) 2. 가업승계 법인의 증여일 현재와 직전 10년간의 사업연도의 주주현황 각 1부 3. 그 밖에 가업승계 사실을 입증할 수 있는 서류	수수료 없음
담당공무원 확인사항	1. 토지 등기사항증명서 2. 건물 등기사항증명서	

작성방법

1. "가. 가업현황"에서 '업종'은 「상속세 및 증여세법 시행령」 별표에 따른 업종 중에서 해당 업종을 적습니다.
2. "가. 가업현황"에서 '기준총급여액'은 증여일이 속하는 사업연도의 직전 2개 사업연도의 총급여액의 평균을 적습니다(최대주주 및 친족 등에게 지급한 임금은 제외하되, 기준고용인원에 최대주주 및 친족 등에 해당하는 인원이 있는 경우 이를 포함합니다).
3. "가. 가업현황"에서 '기준고용인원'은 증여일이 속하는 사업연도의 직전 2개 사업연도의 정규직근로자 수의 평균을 적습니다.
4. "나. 중소기업 여부"에서 '중소기업'은 「조세특례제한법 시행령」 제2조제1항제1호 및 제3호의 요건을 모두 충족하고 자산총액이 5천억원 미만인 기업을 말합니다.
6. "마. 가업법인 주식등 증여 현황"과 "바. 가업승계 증여세 납부유예 신청 세액"은 "가업승계 증여세 납부유예 증여재산평가 및 납부유예 세액 계산명세서(「상속세 및 증여세법 시행규칙」 별지 제10호서식 부표 2)"의 ⑨의 금액을 적습니다.

210mm×297mm[백상지 80g/㎡]

② 조세특례제한법 제30조의6에 따른 과세특례를 적용받았거나 법 제30조의7에 따른 납부유예 허가를 받았음을 증명할 수 있는 서류(같은법 제30조의7 제6항 제1호에 따라 신청하는 경우에만 해당한다)

③ 상속세 및 증여세법 제18조의2 제1항에 따른 가업상속공제를 받았거나 같은 법 제72조의2 제1항에 따른 납부유예 허가를 받았음을 증명할 수 있는 서류 (조세특례제한법 제30조의7 제6항 제2호에 따라 신청하는 경우에만 해당한다)

2. 납부유예의 허가기한

납부유예신청서를 받은 세무서장은 다음에 따른 기간 이내에 신청인에게 허가 여부를 서면으로 결정·통지해야 한다. 이 경우 해당 기간까지 허가 여부에 대한 서면을 발송하지 않은 때에는 허가를 한 것으로 본다(조특법 §30의7 ①, 조특령 §27의7 ②).

(1) 상속세 과세표준 신고를 한 경우 허가기한

상속세및증여세법 제67조에 따른 상속세 과세표준신고기한이 지난 날부터 9개월

(2) 증여세 과세표준을 신고한 경우 납부유예 허가기한

상속세및증여세법 제68조에 따른 증여세 과세표준신고기한이 경과한 날부터 6개월

(3) 수정신고 및 기한 후 신고한 세액에 대한 납부유예 허가기한

국세기본법 제45조에 따른 수정신고 또는 같은 법 제45조의3에 따른 기한 후 신고를 한 경우에는 수정신고 또는 기한 후 신고를 한 날이 속하는 달의 말일부터 6개월 (조세특례제한법 제30조의7 제6항 제2호에 따라 신청하는 경우에는 9개월)

(4) 납부고지서상 세액에 대한 납부유예 허가기한

납부고지서에 따른 납부기한이 경과한 날부터 14일

┃ 납부유예 신청기한 및 허가기한 요약 ┃

구 분	납부유예 신청기한	납부유예 허가기한
상속세 법정신고기한 이내 자진 신고시	상속세 법정신고기한 이내	법정신고기한 경과한 날부터 9개월
증여세 법정신고기한 이내에 자진신고한 세액	증여세 법정신고기한 이내	법정신고기한 경과한 날부터 6개월
수정신고 또는 기한후 신고한 세액	수정신고 또는 기한후 신고할 때	신고한 날이 속하는 달의 말일부터 6개월
납부고지서상 세액	납부고지서상 납부기한 이내	납부고지서에 따른 납부기한이 지난날로부터 14일 이내
연대납세의무자가 통지를 받은 경우	납부통지서상의 납부기한이내	납부통지서상 납부기한 경과한 날로부터 14일 이내

3. 납부유예 허가통지 전 가산금의 면제

　과세표준과 세액의 결정통지를 받은 자가 납부유예를 신청한 경우로서 납부고지서에 따른 납부기한을 경과하여 납부유예 허가여부를 통지하여 그 납부유예세액을 징수할 때에는 납부유예 허가여부 통지일 이전에 한정하여 국세기본법 제47조의4 제1항 제1호(납부고지서에 따른 납부기한의 다음 날부터 성립하는 부분으로 한정한다) 및 제3호의 납부지연가산세를 부과하지 않는다(조특령 §27의7 ③).

Ⅳ 증여세 납부유예 적용 후 사후관리 위반시 증여세 추징

1. 납부유예 사후관리 요건

　납세지 관할세무서장은 거주자가 대통령령으로 정하는 정당한 사유 없이 다음의 (1), (2), (3) 어느 하나에 해당하는 경우 조세특례제한법 제30조의7 제1항에 따른 증여세 납부유예 허가를 취소하거나 변경하고, 해당 호에 따른 세액과 대통령령으로 정하는 바에 따라 계산한 이자상당액을 징수한다(조특법 §30의7 ③). 납세지 관할

세무서장은 납부유예 허가를 받은 거주자가 사후관리규정 위반에 해당하는지 매년 확인·관리해야 한다(조특령 §27의7 ⑰).

(1) 해당 거주자가 가업에 종사하지 아니하게 된 경우

해당 거주자가 가업에 종사하지 아니하게 된 경우 납부유예된 세액의 전부를 취소하거나 변경하고, 증여세액과 이자상당액을 징수한다. 다음의 경우는 해당 거주자가 가업에 종사하지 아니하게 된 것으로 본다(조특령 §27의7 ⑧).

① 가업의 주식등을 증여받은 거주자(가업에 종사하는 자가 거주자의 배우자인 경우 거주자의 배우자를 포함한다)가 대표이사로 종사하지 않는 경우(증여일부터 5년 이내의 기간 중으로 한정한다)
② 해당 가업을 1년 이상 휴업(실적이 없는 경우를 포함한다)하거나 폐업하는 경우

(2) 주식등을 증여받은 거주자의 지분이 감소한 경우

주식등을 증여받은 거주자의 지분이 감소한 경우에는 다음의 구분에 따른 세액을 이자상당액과 함께 징수한다.

① 증여일부터 5년 이내에 감소한 경우: 납부유예된 세액의 전부
② 증여일부터 5년 후에 감소한 경우: 납부유예된 세액 중 지분 감소 비율을 고려하여 다음 계산식에 의하여 계산한 세액

$$세액 = A \times B \div C$$

A : 조세특례제한법 제30조의7 제1항에 따라 납부유예된 세액
B : 감소한 지분율
C : 증여일 현재 지분율

다음 어느 하나에 해당하는 경우에는 주식등을 증여받은 거주자의 지분이 감소한 경우에 해당한다(조특령 §27의7 ⑨).

① 수증자가 증여받은 주식 등을 처분하는 경우.
  ⓐ 합병·분할 등 조직변경에 따른 처분으로서 수증자가 상속세 및 증여세법 시

행령 제15조 제3항에 따른 최대주주등에 해당하는 경우
ⓑ 자본시장과 금융투자업에 관한 법률 제390조 제1항에 따른 상장규정의 상장요건을 갖추기 위하여 지분을 감소시킨 경우
② 증여받은 주식 등을 발행한 법인이 유상증자 등을 하는 과정에서 실권 등으로 수증자의 지분율이 낮아지는 경우. 다만, 다음의 어느 하나에 해당하는 경우에는 제외한다.
ⓐ 해당 법인의 시설투자·사업규모의 확장 등에 따른 유상증자로서 수증자의 특수관계인(상속세 및 증여세법 시행령 제2조의2 제1항 각 호의 어느 하나에 해당하는 자를 말한다) 외의 자에게 신주를 배정하기 위하여 실권하는 경우로서 수증자가 최대주주등에 해당하는 경우
ⓑ 해당 법인의 채무가 출자전환됨에 따라 수증자의 지분율이 낮아지는 경우로서 수증자가 최대주주 등에 해당하는 경우
③ 수증자의 특수관계인의 주식처분 또는 유상증자시 실권 등으로 지분율이 낮아져 수증자가 최대주주등에 해당되지 아니하는 경우

(3) 고용유지요건을 위반한 경우

(가) 고용유지 요건

다음에 모두 해당하는 경우에는 납부유예된 세액의 전부와 이자상당액을 징수한다. (조특법 §30의7 ③ 3).
ⓐ 증여일부터 5년간 대통령령으로 정하는 정규직 근로자수의 전체 평균이 증여일이 속하는 사업연도의 직전 2개 사업연도의 정규직근로자 수의 평균의 100분의 70에 미달하는 경우
ⓑ 증여일부터 5년간 대통령령으로 정하는 총급여액의 전체 평균이 증여일이 속하는 사업연도의 직전 2개 사업연도의 총급여액 평균의 100분의 70에 미달하는 경우

(나) 정규직 근로자의 범위

"대통령령으로 정하는 정규직 근로자"란 근로기준법에 따라 계약을 체결한 근로자를

말한다. 다만, 다음의 어느 하나에 해당하는 사람은 제외한다(조특령 §27의7 ⑪).
① 근로계약기간이 1년 미만인 근로자(근로계약의 연속된 갱신으로 인하여 그 근로계약의 총 기간이 1년 이상인 근로자는 제외한다)
② 근로기준법 제2조 제1항 제9호에 따른 단시간근로자로서 1개월간의 소정근로시간이 60시간 미만인 근로자
③ 소득세법 시행령 제196조에 따른 근로소득원천징수부에 따라 근로소득세를 원천징수한 사실이 확인되지 않고, 다음 각 목의 어느 하나에 해당하는 금액의 납부사실도 확인되지 않는 자
   ⓐ 국민연금법 제3조 제1항 제11호 및 제12호에 따른 부담금 및 기여금
   ⓑ 국민건강보험법 제69조에 따른 직장가입자의 보험료

(다) 총급여액의 계산

상기에서 "대통령령으로 정하는 총급여액"이란 정규직 근로자에게 지급한 아래와 같이 소득세법 제20조 제1항 제1호 및 제2호에 따른 소득의 합계액을 말한다. 다만, 정규직 근로자에는 조세특례제한법 시행령 제26조의4 제2항 제3호에 해당하는 경우 즉, 해당 기업의 최대주주 또는 최대출자자(개인사업자의 경우에는 대표자를 말한다) 및 그와 국세기본법 시행령 제1조의2 제1항에 따른 친족관계인 근로자를 제외하되, 준고용인원 산정기간에 같은 호에 해당되는 사람만 있을 경우에는 포함한다(조특령 §27의7 ⑫).
① 근로를 제공함으로써 받는 봉급·급료·보수·세비·임금·상여·수당과 이와 유사한 성질의 급여
② 법인의 주주총회·사원총회 또는 이에 준하는 의결기관의 결의에 따라 상여로 받는 소득

(라) 정규직 근로자 수 및 총급여액의 계산

정규직 근로자 수 및 총급여액의 계산에 관하여는 상속세 및 증여세법 시행령 제15조 제17항 및 제18항을 준용한다(조특령 §27의7 ⑬). 구체적인 계산방법은 상속세 편의 가업상속공제 사후관리 규정을 참조하기 바란다.

(4) 해당 거주자가 사망하여 상속이 개시되는 경우:

해당 거주자가 사망하여 상속이 개시되는 경우에는 납부유예된 세액의 전부와 이자상당액을 징수한다.

2. 정당한 사유가 있는 경우 증여세 과세유예 계속 적용

주식등을 증여받고 증여세 납부유예를 받은 수증자가 증여일부터 5년 이내에 다음과 정당한 사유가 있는 경우에는 해당주식 등의 가액에 대하여 증여세 납부유예가 그대로 적용된다(조특령 §27의7 ⑦).

① 수증자가 증여받은 주식 등을 국가 또는 지방자치단체에 증여하는 경우
② 수증자가 법률에 따른 병역의무의 이행, 질병의 요양, 취학상 형편 등으로 가업에 직접 종사할 수 없는 경우. 다만, 증여받은 주식 또는 출자지분을 처분하거나 그 부득이한 사유가 종료된 후 가업에 종사하지 아니하는 경우는 정당한 사유가 있는 경우에 해당되지 않는다(조특칙 §14의4).

3. 사후관리요건 위반시 납부유예 증여세의 자진신고 납부기한

(1) 추징 증여세 자진신고 및 납부

조세특례제한법 제30조의7 제1항에 따라 증여세 납부유예 허가를 받은 자는 같은 조 제3항 각 호의 어느 하나에 해당하는 사후관리 규정을 위반한 경우에는 그 날이 속하는 달의 말일부터 3개월 이내에 납세지 관할세무서장에게 신고하고 해당 증여세와 이자상당액을 납세지 관할세무서, 한국은행 또는 체신관서에 납부하여야 한다. 다만, 같은조 제3항에 따라 이미 증여세와 이자상당액이 징수된 경우에는 그러하지 아니하다(조특법 §30의7 ④).

증여세와 이자상당액을 납부하는 때에는 기획재정부령으로 정하는 납부유예 추징사유 신고 및 자진납부 계산서를 납세지 관할 세무서장에게 제출하여야 한다(조특령 §27의7 ⑯).

(2) 이자상당액의 계산

주식을 증여받아 증여세 납부유예를 적용받은 수증자가 가업을 승계하지 아니하는 등 과세특례가 적용된 증여세에 대하여 추징사유가 발생하게 되는 경우에는 이자상당액을 가산하여 부과한다. 이 때 이자상당액은 다음 ①에 따른 금액에 ②에 따른 기간과 ③에 따른 율(조세특례제한법 제30조의7 제6항에 해당하여 증여세와 이자상당액에 대하여 다시 납부유예되는 경우에는 아래 ③에 100분의 50을 곱한 율)을 곱하여 계산한 금액으로 한다(조특법 §30의6 ③).

① 조세특례제한법 30조의7 제3항에 따라 결정한 세액
② 당초 증여받은 가업 주식등에 대한 증여세 과세표준 신고기한의 다음날부터 조세특례제한법 제30조의7 제3항 각 호의 추징사유가 발생한 날까지의 기간
③ 조세특례제한법 법 제30조의7 제3항에 따른 납부유예 허가의 취소 또는 변경 당시의 국세기본법 시행령 제43조의3 제2항 본문에 따른 이자율을 365로 나눈 율. 다만, 상기 ②의 기간 중에 국세기본법 시행령 제43조의3 제2항 본문에 따른 이자율이 1회 이상 변경된 경우 그 변경 전의 기간에 대해서는 변경 전의 이자율을 365로 나눈 율을 적용한다.

$$이자상당액 = 증여세 \times 국세환급가산금 이자율 \times \frac{증여세\ 신고기한의\ 다음날부터\ 추징사유가\ 발생한\ 날까지의\ 시간}{365}$$

4. 담보 변경·보전명령 불응 및 납부기한전 징수사유 발생시 유예된 증여세 및 이자상당액 추징

(1) 납부유예된 증여세 취소하거나 변경 사유

납세지 관할세무서장은 조세특례제한법 제30조의7 제1항에 따라 증여세 납부유예 허가를 받은 자가 다음의 어느 하나에 해당하는 경우 그 허가를 취소하거나 변경하고, 납부유예된 세액의 전부 또는 일부와 대통령령으로 정하는 바에 따라 계산한 이자상당액을 징수할 수 있다(조특법 §30의7 ⑤).

① 담보의 변경 또는 그 밖의 담보 보전에 필요한 관할 세무서장의 명령에 따르지 아니한 경우
② 다음과 같이 국세징수법 제9조(납부기한 전 징수) 제1항 각 호의 어느 하나에 해당되어 납부유예된 세액의 전액을 징수할 수 없다고 인정되는 경우
 ⓐ 국세, 지방세 또는 공과금의 체납으로 강제징수 또는 체납처분이 시작된 경우
 ⓑ 민사집행법에 따른 강제집행 및 담보권 실행 등을 위한 경매가 시작되거나 채무자 회생 및 파산에 관한 법률에 따른 파산선고를 받은 경우
 ⓒ 어음법 및 수표법에 따른 어음교환소에서 거래정지처분을 받은 경우
 ⓓ 법인이 해산한 경우
 ⓔ 국세를 포탈(逋脫)하려는 행위가 있다고 인정되는 경우
 ⓕ 납세관리인을 정하지 아니하고 국내에 주소 또는 거소를 두지 아니하게 된 경우

(2) 이자상당액의 계산

이자상당액은 다음 ①에 따른 금액에 ②에 따른 기간과 ③에 따른 율(조세특례제한법 제30조의7 제6항에 해당하여 증여세와 이자상당액에 대하여 다시 납부유예되는 경우에는 아래 ③에 100분의 50을 곱한 율)을 곱하여 계산한 금액으로 한다(조특법 §30의6 ③).

① 조세특례제한법 제30조의7 제5항에 따라 결정한 세액
② 당초 증여받은 가업 주식등에 대한 증여세 과세표준 신고기한의 다음날부터 조세특례제한법 제30조의7 제5항 각 호의 사유가 발생한 날까지의 기간
③ 조세특례제한법 제30조의7 제5항에 따른 납부유예 허가의 취소 또는 변경 당시의 국세기본법 시행령 제43조의3 제2항 본문에 따른 이자율을 365로 나눈 율. 다만, 상기 ②의 기간 중에 국세기본법 시행령 제43조의3 제2항 본문에 따른 이자율이 1회 이상 변경된 경우 그 변경 전의 기간에 대해서는 변경 전의 이자율을 365로 나눈 율을 적용한다.

$$\text{이자상당액} = \text{증여세} \times \text{국세환급가산금 이자율} \times \frac{\text{증여세 신고기한의 다음날부터 추징사유가 발생한 날까지의 시간}}{365}$$

5. 증여세 납부유예 허가를 받은 후 증여자 사망으로 상속세 정산할 때 특칙

원칙적으로 피상속인이 10년 이내에 상속인에게 증여한 재산은 상속세 과세가액에 산입한다. 그러나 가업승계에 대한 증여세 납부유예가 적용된 주식등은 증여된 기간에 관계없이 상속세 과세가액에 항상 산입하여 상속세로 다시 정산하는 등 상속세로 정산할 때 다음과 같은 여러 가지 특칙이 있다(조특법 §30의7 ⑧).

① 증여세 납부유예가 적용된 주식 등은 증여자가 사망하여 상속세 납부의무 여부 및 비율을 산정할 때 상속세과세가액에 가산하는 증여재산으로 본다.

② 또한 증여세 납부유예가 적용된 주식 등의 가액은 증여받은 날부터 상속개시일까지의 기간이 상속개시일로부터 10년 이내인지의 여부에 관계없이 상속세과세가액에 가산한다. 이 경우 상속세 과세가액에 가산하는 주식 등의 가액은 증여일 현재를 기준으로 상속세및증여세법 제60조부터 제66조까지의 규정에 의하여 평가한 가액이 된다.

③ 증여세 납부유예가 적용된 주식 등은 상속공제액 한도액을 계산함에 있어서는 상속세과세가액에 가산한 증여재산가액으로 보지 않는다. 즉, 증여세 납부유예가 적용된 주식 등에 대하여는 상속공제 한도가 적용되지 않으므로 각종 상속공제가 가능하다는 뜻이다.

④ 증여세 납부유예가 적용된 주식 등에 대한 증여세액은 한도액 없이 상속세산출세액에서 공제한다. 이 경우 공제할 증여세액이 상속세산출세액보다 많은 경우 그 차액에 상당하는 증여세액은 환급하지 아니한다.

Ⅴ 증여세 납부유예 재허가 신청 가능

주식등을 증여받은 거주자의 지분이 감소한 경우 또는 해당 거주자가 사망하여 상속이 개시되는 경우(제7항에 따라 준용되는 경우를 포함한다)에 따라 납부유예된 세액과 이자상당액을 납부하여야 하는 자는 다음의 어느 하나에 해당하는 경우 납세지 관할세무서장에게 해당 세액과 이자상당액의 납부유예 허가를 신청할 수 있다(조특법 §30의7 ⑥).

① 주식등을 증여받은 거주자의 지분이 감소한 경우로서 수증자가 조세특례제한법 제30조의6에 따른 가업의 승계에 대한 증여세 과세특례를 적용받거나 같은 법 제30조의7에 따른 가업승계 시 증여세의 납부유예 허가를 받은 경우
② 해당 거주자가 사망하여 상속이 개시되는 경우로서 상속인이 상속받은 가업에 대하여 상속세 및 증여세법 제18조의2 제1항에 따른 가업상속공제를 받거나 같은 법 제72조의2 제1항에 따른 가업상속에 대한 상속세의 납부유예 허가를 받은 경우

이때 납부유예 허가 재신청에 관하여는 조세특례제한법 제30조의7 제2항부터 제5항까지의 규정(제3항 제3호는 제외한다)을 준용한다. 이 경우 제3항 제2호 가목 중 "납부유예된 세액의 전부"는 "납부유예된 세액 중 지분 감소 비율을 고려하여 대통령령으로 정하는 바에 따라 계산한 세액"으로 보고, 제6항 제2호에 따라 납부유예 허가를 받은 경우에는 제3항부터 제5항까지의 규정 중 "거주자"는 "상속인"으로, "증여받은"은 "상속받은"으로, "증여일"은 "상속개시일"로 본다(조특법 §30의7 ⑦).

기타 가업승계 조세지원제도

I. 가업상속에 대한 연부연납 기간 특례

1. 의 의

상속재산 또는 증여받은 재산이 대부분 부동산 등으로 구성되어 있는 경우에는 현금화가 어렵거나 현금화에 상당한 시일이 소요되는 경우가 많다. 이 경우 상속세 또는 증여세를 금전으로 일시에 납부하는 것이 곤란하기 때문에 국세수입 확보의 편의를 위하여 상속재산이나 수증재산을 급하게 처분하여 납부하도록 하는 것은 납세의무자에게 필요 이상의 새로운 부담이 될 수 있다. 이와 같이 일시에 거액의 세금을 금전으로 납부하기 곤란한 경우에는 수회로 분할하여 연납하도록 함으로써 기한의 편의를 제공하는 것이 연부연납제도라 한다. 연부연납제도는 납세의무자에게 분할납부 및 기한유예의 편익을 제공하려는 데에 그 취지가 있고, 납세의무자의 실제 납세자력의 유무와는 직접적인 관계가 없다(대법 91누9374, 1992.4.10.; 대전고법 2010누1215, 2010.12.16.).

종전에는 연부연납 허용기간을 증여세는 5년 이내, 상속세는 일반상속재산에 대한 상속세의 경우 5년 이내였다. 상속세 부담을 완화하기 위하여 2022.1.1.이후 상속분부터 일반상속재산에 대한 상속세 연부연납 허용기간을 10년으로 확대하였으며, 2023.1.1.이후 상속분부터 상속세 납부부담을 완화하기 위하여 가업상속재산에 대하여는 보유비율 불문하고 "연부연납 허가일부터 20년 또는 연부연납 허가 후 10년이 되는 날부터 10년"으로 개정되었으며, 2024.1.1.연부연납신청분부터 가업승계에 대한 증여세 과세특례가 적용된 증여세에 대하여 15년간 연부연납이 가능하다.

2. 연부연납 신청요건

납세의무자는 다음과 같은 요건에 해당되는 경우에 신청에 의하여 연부연납을 할 수 있다(상증법 §71 ①).

① 상속세납부세액 또는 증여세납부세액이 2천만원을 초과하여야 한다[16]. 이때 "상속세납부세액"이라 함은 상속인별로 분배하지 않은 전체 상속세액을 말한다(재삼01254-1696, 1991.6.22.).
② 상속세 또는 증여세 과세표준을 법정신고기한 이내에 자진신고(국세기본법 제45조에 따른 수정신고 및 제45조의3에 의한 기한후 신고를 하는 경우를 포함한다)하는 경우에는 그 신고기한까지, 결정 통지에 의한 납부고지서상의 납부기한까지 연부연납신청서를 제출하여야 한다.
③ 담보를 제공하여야 한다. 연부연납허가에 필요한 납세담보를 제공하지 아니하였다는 이유로 연부연납을 허가하지 아니한 것은 적법하다(대전고법 2010누1215, 2010.12.16.). 이 경우 국세기본법 제29조 제1호부터 제5호까지의 규정에 따른 납세담보를 제공하여 연부연납 허가를 신청하는 경우에는 그 신청일에 허가받은 것으로 본다.
④ 2011.7.26. 이후 최초로 제출하는 분부터 상속인 전부가 연부연납을 신청하는 경우에 한하여 연부연납을 적용받을 수 있다(재재산-781, 2011.9.22.).

연부연납기간이 5년인 경우 상속세신고기한 또는 고지서납부기한까지 세액의 6분의 1에 상당하는 금액을 납부하도록 규정하고 있으나 이는 위 기한까지 위 금액을 납부하지 아니한 때에는 연부연납허가를 취소하고 연부연납에 관계된 세액을 일시에 징수할 수 있다는 것일 뿐이지, 위 기한까지 위 금액을 납부하는 것이 연부연납의 허가요건이 되는 것은 아니라고 할 것이다(대법 2003두4973, 2004.10.28.).

---

[16] 2007.12.31 이전에는 상속세 또는 증여세의 납부세액이 1천만원을 초과하여야 하나, 2008.1.1. 최초로 상속이 개시되거나 증여하는 분으로서 연부연납을 신청하는 분부터 2천만원을 초과해야 한다.

3. 연부연납의 신청방법

[별지 제11호서식] "상속세(증여세) 연부연납 허가신청서"에 의하여 상속인 전부가 연부연납을 신청하여야 하며, 신청인들을 대리하여 세무대리인이 이 신청서를 제출하는 경우에는 세무대리인의 명칭(성명) 및 관리번호를 신청인란의 신청인 다음에 적고, 해당 세무대리인이 서명 또는 날인하여 제출해야 한다. 다만, 2013.2.23. 이후 상속세 연부연납허가신청서를 제출하는 경우로써 연부연납을 신청하려는 상속인이 다른 공동상속인에게 공동신청을 요청하였으나 그 공동상속인의 거부 또는 주소불명 등의 사유로 공동신청이 곤란하다고 인정되는 경우에는 상속인이 상속재산 중 본인이 받았거나 받을 재산에 대한 상속세를 한도로 연부연납을 신청할 수 있다(서면-2015-상속증여-1673, 2015.9.15.).

법원은 "국세청 홈택스(증여세 전자신고)와 함께 제출한 서류에 연부연납허가신청서와 납세담보제공서가 확인되지 아니하므로, 연부연납 허가요건을 충족한 것으로 볼 수 없다"라고 판결(의정부지방법원2023구합35, 2024.05.16.)한 바 있음을 유의해야 한다.

4. 가업상속공제 적용후 사후관리 위반 세액에 대한 연부연납신청

가업상속공제 사후관리규정 위반으로 추징세액 신고시 해당 추징세액에 대해 연부연납 적용 가능하며 「상속세 및 증여세법」(2019.12.31. 법률 제16846호로 개정되기 전의 것) 제71조 제2항 제1호(이하 "연부연납기간 특례")의 요건을 충족하는 경우 해당 연부연납기간 특례를 적용할 수 있다(기획재정부 재산세제과-1039, 2023.09.04.)

5. 연부연납의 신청 및 허가 기한

상속세 및 증여세의 연부연납을 신청할 수 있는 경우는 법정신고기한 이내에 상속세 및 증여세 과세표준 신고서를 제출하는 때(국세기본법 제45조에 따른 수정신고 및 제45조의3에 의한 기한후 신고를 하는 경우를 포함한다)와 결정에 따른 납부고지서에 의한 납부기한 내에 한하여 연부연납을 신청할 수 있다.(상증령 §67 ①).

┃ 연부연납 신청기한 및 허가기한 요약 ┃

구 분	연부연납신청기한	연부연납허가기한
법정신고기한 이내에 자진신고한 세액	법정신고기한 이내	법정신고기한 경과한 날부터 9개월 (증여는 6개월)
수정신고 또는 기한후 신고한 세액	수정신고 또는 기한후 신고할 때	신고한 날이 속하는 달의 말일부터 9개월 (증여는 6개월)
납부고지서상 세액	납부고지서상 납부기한 이내	납부고지서에 따른 납부기한이 지난날로부터 14일 이내
연대납세의무자가 통지를 받은 경우	납부통지서상의 납부기한이내	납부통지서상 납부기한 경과한 날로부터 14일 이내

6. 상속세·증여세의 연부연납기간

(1) 일반 증여재산 및 일반 상속재산에 대한 연부연납기간

상속세의 연부연납기간은 연부연납허가일로부터 10년, 증여세는 5년 이내의 기간 범위 내에서 해당 납세의무자가 신청한 기간으로 한다. 다만, 각 회분의 분할납부 세액이 1천만원을 초과하도록 연부연납기간을 정하여야 한다(상증법 §71 ②). 그동안 상속세와 증여세의 구분 없이 연부연납허가일부터 5년으로 적용하던 것을 상속세의 경우에는 2022.1.1. 이후 상속이 개시되는 경우부터 10년으로 연부연납기간을 확대하였다.

(2) 증여세 과세특례가 적용된 가업승계 주식에 대한 연부연납기간 특례

조세특례제한법 제30조의6에 따른 증여세 과세특례를 적용받은 증여재산에 대한 연부연납기간은 연부연납 허가일부터 15년이다. 2024.1.1.이후 신청분부터 적용한다.

7. 가업상속에 따른 상속세 연부연납기간 특례

(1) 연부연납기간 특례 대상 가업의 범위

(가) 가업의 상속에 대한 가업상속공제를 받은 경우

상속세및증여세법 제18조의2에 따라 가업상속을 말한다. 즉, 상속세및증여세법 제18조의2에 따라 가업상속공제를 적용받은 가업상속재산을 말한다(재재산-1096, 2010.11.10.)(상증법 §71 ②).

(나) 가업상속공제를 받지 않은 경우로서 일정한 요건 갖춘 기업상속의 경우

가업상속공제를 받지 않은 경우로서 다음의 요건에 해당하는 중소기업 또는 중견기업을 상속받은 경우의 기업상속을 말한다(상증법 §71 ②, 상증령 §68 ③). 연부연납특례를 활용을 통한 원활한 기업승계를 지원하기 위하여 중견기업에 대해 매출액 기준을 삭제하고, 피상속인의 요건을 10년 이상에서 5년 이상으로 완화하는 적용요건을 완화하였으며, 2020.1.1. 이후 상속분은 완화된 기업승계에 대한 연부연납특례제도를 활용할 수 있게 되었다.

① 조세특례제한법 시행령 제2조 제1항에 따른 중소기업 또는 같은 법 시행령 제9조 제4항에 따른 중견기업을 상속받은 경우
② 피상속인이 다음의 요건을 모두 갖춘 경우
   ⓐ 중소기업 또는 중견기업의 최대주주등인 경우로서 피상속인과 그의 특수관계인의 주식등을 합하여 해당 기업의 발행주식총수등의 100분의 40(거래소에 상장되어 있는 법인이면 100분의 20) 이상을 5년 이상 계속하여 보유할 것
   ⓑ 피상속인이 해당 기업을 5년 이상 계속하여 경영한 경우로서 해당 기업의 영위기간 중 다음 어느 하나에 해당하는 기간을 대표이사등으로 재직할 것
      ㉠ 100분의 30 이상의 기간
      ㉡ 5년 이상의 기간(상속인이 피상속인의 대표이사등의 직을 승계하여 승계한 날부터 상속개시일까지 계속 재직한 경우로 한정한다)
      ㉢ 상속개시일부터 소급하여 5년 중 3년 이상의 기간
③ 상속인이 다음 각 목의 요건을 모두 갖춘 경우. 이 경우 상속인의 배우자가 다음의 요건을 모두 갖춘 경우에는 상속인이 그 요건을 갖춘 것으로 본다.

ⓐ 상속개시일 현재 18세 이상일 것
ⓑ 상속세과세표준 신고기한까지 임원으로 취임하고, 상속세 신고기한부터 2년 이내에 대표이사등으로 취임할 것

(다) 사립유치원에 직접 사용되는 재산을 상속받은 경우

유아교육법 제7조 제3호에 따른 사립유치원에 직접 사용하는 교지(校地), 실습지(實習地), 교사(校舍) 등도 상속받은 경우도 포함한다(상증법 §71 ②).

(2) 가업상속재산의 범위

(가) 가업상속공제를 받았거나 또는 중소기업·중견기업을 상속받은 경우 상속재산의 범위

연부연납기간 특례가 적용되는 "상속재산"이란 다음의 구분에 따라 상속세및증여세법 시행령 제68조 제3항 제3호의 요건 즉, 상기(1) (나)의 ③요건을 모두 갖춘 상속인이 받거나 받을 상속재산을 말한다.

① 소득세법을 적용받는 기업: 기업활동에 직접 사용되는 토지, 건축물, 기계장치 등 사업용 자산[타인에게 임대하고 있는 부동산(지상권, 부동산임차권 등 부동산에 관한 권리를 포함한다)은 제외한다] 의 가액에서 해당 자산에 담보된 채무액을 뺀 가액. 임대부동산을 제외하는 규정은 2021.2.17.이후 상속이 개시되거나 증여받는 분부터 적용된다.

② 법인세법을 적용받는 기업 : 주식가액 × (1 - 사업무관자산비율)

(나) 사립유치원에 직접 사용되는 재산

가업상속재산에는 유아교육법 제7조 제3호에 따른 사립유치원에 직접 사용하는 교지(校地), 실습지(實習地), 교사(校舍) 등도 포함한다(상증법 §71 ②).

(3) 연부연납기간 특례

(가) 2023.1.1.이후 상속받은 가업상속재산에 대한 연부연납 기간 특례

2023.1.1.이후 상속분부터 상속세 납부부담을 완화하기 위하여 가업상속재산에 대하여는 상속재산중 가업상속재산이 차지하는 비율이 얼마인지 여부 불문하고 "연

부연납 허가일부터 20년 또는 연부연납 허가 후 10년이 되는 날부터 10년"으로 적용할 수 있도록 개정되었다.

(나) 2022.12.31.이전 상속받은 가업상속재산에 대한 연부연납 기간 특례

① 가업상속재산이 50% 미만인 경우

상기 (1)의 가업상속에 해당하는 경우로서 상속재산중 가업상속재산가액이 차지하는 비율이 50%미만인 경우에는 연부연납 허가일부터 10년 또는 연부연납 허가 후 3년이 되는 날부터 7년의 기간의 범위내에서 해당 납세의무자가 신청한 기간으로 한다.

다만, 각 회분의 분할납부 세액이 1천만원을 초과하도록 연부연납기간을 정하여야 한다(상증법 §71 ②).

② 가업상속재산이 50% 이상인 경우

상속재산(상속인이 아닌 자에게 유증한 재산은 제외) 중 상기 (1)의 가업상속재산이 차지하는 비율이 50% 이상인 경우에 가업상속재산에 대한 연부연납기간은 연부연납 허가일부터 20년 또는 연부연납 허가 후 5년이 되는 날부터 15년 이내의 기간의 범위에서 해당 납세의무자가 신청한 기간으로 한다. 다만, 각 회분의 분할납부 세액이 1천만원을 초과하도록 연부연납기간을 정하여야 한다(상증법 §71 ②).

┃ 가업상속재산의 연부연납기간 요약 ┃

구 분			연부연납기간
상속세	2023.1.1.이후 상속	가업상속재산	20년 또는 10년 거치 후 10년간 분할납부
	2022.12.31.이전 상속	가업상속재산(50%미만)	10년 또는 3년 거치 7년간 분할납부
		가업상속재산(50%이상)	20년 또는 5년 거치 후 15년간 분할납부
	2022.1.1.이후 상속	일반상속재산	10년간 분할납부(거치기간 없음)
	2021.12.31.이전 상속	일반상속재산	5년간 분할납부
증여세	일반 증여재산		5년간 분할납부(거치기간 없음)
	증여세 과세특례가 적용된 가업승계 주식		15년간 분할납부(거치기간 없음)

☞ 2016.1.1. 이후 상속분부터 가업상속재산에는 사립유치원에 직접 사용되는 재산 포함
☞ 각회분의 분납세액이 1천만원을 초과하도록 연부연납기간을 정해야 함

(다) 가업상속공제 사후관리 위반으로 추징된 세액에 대한 연부연납기간 특례 가능함

가업상속공제 사후관리규정 위반으로 추징세액 신고시 해당 추징세액에 대해 연부연납 적용 가능하며 상속세및증여세법」(2019.12.31. 법률 제16846호로 개정되기 전의 것) 제71조 제2항 제1호(이하 "연부연납기간 특례")의 요건을 충족하는 경우 해당 연부연납기간 특례를 적용할 수 있다(기획재정부 재산세제과-1039, 2023.9.4.).

(4) 가업상속재산에 대한 연부연납 신청세액

가업상속에 따라 가업상속재산에 대한 연부연납 할 수 있는 상속세 납부세액은 다음 계산식에 의한다(상증령 §68 ②). 이 때 기업상속재산가액이란 상속세및증여세법 시행령 제68조 제3항 제3호의 요건을 모두 갖춘 상속인(요건을 갖춘 것으로 보는 경우를 포함한다)이 받거나 받을 같은조 제4항에 따른 상속재산의 가액을 말한다. 즉 상기 (2)의 상속재산을 말한다.

$$상속세납부세액 \times \frac{(가업상속재산가액 - 가업상속\ 공제금액)}{(총상속재산가액 - 가업상속\ 공제금액)}$$

☞ 가업상속공제 금액 : 상증법 제18조의2에 따른 가업상속공제를 받은 금액을 말함

8. 연부연납기간의 변경

(1) 연부연납세액의 조기납부 신청시 납부방법

납세의무자가 상속세 또는 증여세 연부연납허가를 신청하여 허가통지를 받은 자가 연부연납기간 중에 연부연납세액의 전부 또는 일부를 일시에 납부하기 위하여 그 사실을 서면에 의하여 신청하는 경우 관할세무서장은 연부연납세액의 전부 또는 일부를 일시에 납부하도록 허가할 수 있다.

이 경우 연부연납가산금은 변경된 연부연납기간에 따라 계산하여 징수한다(상증통 71-0…1). 이와 같이 연부연납기간을 변경하여 연부연납세액을 일시에 납부하는 경우 각 회분 연부연납세액의 전부 또는 일부는 순차적으로(1회분, 2회분, 3회분)

납부한다(재삼 46014-1793, 1998.9.18.).

(2) 연부연납세액의 납부기간 단축 및 변경

세무서장으로부터 연부연납허가를 받은 자가 연부연납기간을 단축하거나 연장하기 위하여 서면 신청하는 경우 관할세무서장은 상속세및증여세법 제71조 제2항에 규정하는 기간 내에서 허가할 수 있다(재경부 재산 46014-26, 1998.4.3.). 따라서 연부연납세액의 납부기간의 연장은 법정연부연납 허가기간 내에서만 가능하다.

9. 연부연납에 따른 납부세액의 배분

(1) 연부연납신청 할 때 납부할 세액

납세의무자가 연부연납을 신청하면서 상속세 및 증여세의 신고납부기한이나 납부고지서에 의한 납부기한까지 납부할 금액은 상속재산의 성격에 따라 연부연납의 법정허가기간은 다르게 규정하고 있다. 따라서 신고기한 또는 납부고지서에 의한 납부기한 내에 납부할 금액은 아래 (가), (나), (다)와 같은 계산식에 의하여 계산한 금액이 된다(상증령 §68 ① 3). 다만, 납부할 금액이 1천만원을 초과해야 한다.

상속세및증여세법 시행령 제67조 제1항에 의한 연부연납 신청시 같은법 시행령 제68조 제1항 제3호에 의하여 연부연납 신청시 납부할 금액에 대하여는 같은법 제70조의 규정에 의한 자진납부금액을 그 금액으로 보아 적용할 수 있다(상증칙 71-68…3).

(가) 증여세의 경우(허가 후 5년 이내)

$$증여세\ 납부세액 \times \frac{1}{(연부연납기간+1)}$$

(나) 일반상속재산에 상당하는 상속세의 경우(허가후 10년 이내)

$$(상속세납부세액 - 가업상속재산에\ 상당하는\ 상속세\ 납부세액)$$
$$\times \frac{1}{(연부연납기간+1)}$$

* 가업상속재산에 상당하는 상속세 납부세액

$$\text{상속세 납부세액} \times \frac{(\text{가업상속재산가액} - \text{가업상속공제금액})}{(\text{총상속재산가액} - \text{가업상속공제금액})}$$

(다) 가업상속재산(사립유치원재산 포함)에 대해 거치기간이 있는 상속세의 경우

거치기간이 있는 가업상속재산에 해당하는 상속세에 대하여는 연부연납 신청시에는 납부할 상속세가 없다(상증령 §68 ①).

(라) n분의 1에 상당하는 금액 납부가 연부연납허가요건은 아님

일반적인 상속세 및 증여세의 연부연납기간은 각각 10년 및 5년이며, 이 경우 상속세신고기한 또는 고지서납부기한까지 세액의 n분의 1에 상당하는 금액을 납부하도록 규정하고 있으나 이는 위 기한까지 위 금액을 납부하지 아니한 때에는 연부연납허가를 취소하고 연부연납에 관계된 세액을 일시에 징수할 수 있다는 것일 뿐이지, 위 기한까지 위 금액을 납부하는 것이 연부연납의 허가요건이 되는 것은 아니라고 할 것이다(대법 2003두4973, 2004.10.28.).

(2) 연부연납기간 중에 매년 납부 세액의 배분

신고납부기한 또는 납부고지서에 의한 납부기한 경과후 연부연납기간에 매년 납부할 연부연납세액은 아래 (1), (2), (3) 계산식에 의하여 계산한 금액으로 한다(상증령 §68 ①). 다만, 매년 납부할 금액이 1천만원을 초과해야 한다.

$$\text{연부연납시에 납부할 세액} = \text{연부연납 대상금액} / (\text{연부연납기간} + 1)$$

(가) 증여세의 경우(허가 후 5년 이내)

$$\text{증여세 납부세액} \times \frac{1}{(\text{연부연납기간} + 1)}$$

(나) 일반상속재산에 상당하는 상속세의 경우(허가 후 10년 이내)

$$(\text{상속세납부세액} - \text{가업상속재산에 상당하는 상속세 납부세액}) \times \frac{1}{(\text{연부연납기간} + 1)}$$

* 가업상속재산에 상당하는 상속세 납부세액

$$\text{상속세 납부세액} \times \frac{(\text{가업상속재산가액} - \text{가업상속공제금액})}{(\text{총상속재산가액} - \text{가업상속공제금액})}$$

* 각 회분의 분할납부 세액이 1천만원을 초과하는 경우에 한함

(다) 가업상속재산(사립유치원재산 포함)에 상당하는 상속세의 경우

1) 2023.1.1.이후 가업상속재산의 경우(허가후 20년 이내)

$$\text{상속세 납부세액} \times [\frac{(\text{가업상속재산가액} - \text{가업상속공제금액})}{(\text{총상속재산가액} - \text{가업상속공제금액})}] \times \frac{1}{(\text{연부연납기간}+1)}$$

☞ 연부연납 허가일로부터 20년간 최고 21회 분할납부 가능함

2) 2023.1.1.이후 가업상속재산의 경우(10년 거치 10년)

$$\text{상속세 납부세액} \times [\frac{(\text{가업상속재산가액} - \text{가업상속공제금액})}{(\text{총상속재산가액} - \text{가업상속공제금액})}] \times \frac{1}{(\text{연부연납기간}+1)}$$

☞ 연부연납 허가일로부터 10년이 되는 날부터 최고 11회 분할납부 가능함

3) 2022.12.31.이전 가업상속재산의 비율이 50% 미만인 경우(3년 거치 7년)

상속세 납부세액 ×

$$[\frac{(\text{가업상속재산가액} - \text{가업상속공제금액})}{(\text{총상속재산가액} - \text{가업상속공제금액})}] \times \frac{1}{(\text{연부연납기간}+1)}$$

☞ 연부연납 허가일로부터 3년이 되는 날부터 최고 8회 분할납부 가능함

4) 2022.12.31.이전 가업상속재산의 비율이 50% 이상인 경우(5년 거치 15년)

$$\text{상속세 납부세액} \times [\frac{(\text{가업상속재산가액} - \text{가업상속공제금액})}{(\text{총상속재산가액} - \text{가업상속공제금액})}] \times \frac{1}{(\text{연부연납기간}+1)}$$

☞ 연부연납 허가일로부터 5년이 되는 날부터 최고 16회 분할납부 가능함

(3) 변경된 세액에 대한 연부연납 방법

(가) 연부연납기간 중 감액 결정된 경우 연부연납금액

연부연납기간중에 행정소송 등에 의하여 세액이 감액 결정된 때에는 최종 확정된 세액에서 연부연납 각 회분의 납부기한이 경과한 분할납부 세액을 차감한 잔액에 대

하여 나머지 분할납부 회수로 평분한 금액을 각 회분의 연납금액으로 한다(상증통 71-68…4).

(나) 상속세경정결정시 기납부한 연부연납세액의 공제방법

상속세 연부연납을 허가받아 이자세액을 포함하여 1회분 연납세액을 납부한 후 당초 결정이 취소됨에 따라 상속세를 경정결정하는 경우에는 이미 납부한 연부연납세액(이자세액 포함)을 기납부세액으로 공제한다(재삼 46014-2905, 1995.11.6.).

10. 연부연납의 취소

(1) 연부연납의 취소 또는 변경사유

납세지 관할세무서장은 연부연납을 허가받은 납세의무자가 다음의 어느 하나에 해당하게 된 경우에는 그 연부연납 허가를 취소 또는 변경하고 그에 따라 연부연납에 관계되는 세액의 전액 또는 일부를 징수할 수 있다(상증법 §71 ④, 상증령 §68 ⑦, ⑧). 이 경우에 납세지 관할세무서장이 연부연납의 허가를 취소한 경우에는 납세의무자에게 그 뜻을 통지하여야 한다.

① 연부연납세액을 지정된 납부기한(연부연납신청일에 연부연납허가된 것으로 간주되는 경우에는 연부연납 세액의 납부예정일을 말한다)까지 납부하지 아니한 경우

② 담보의 변경 그 밖에 담보보전에 필요한 관할세무서장의 명령에 따르지 아니한 경우

③ 국세징수법 제9조 제1항(납기 전 징수사유) 각호의 어느 하나에 해당되어 그 연부연납기한까지 그 연부연납에 관계되는 세액의 전액을 징수할 수 없다고 인정되는 경우

④ 상속받은 사업을 폐업하거나 해당 상속인이 그 사업에 종사하지 아니하게 된 경우 등 다음 사유에 해당하는 경우

    ⓐ 상속세 및 증여세법 시행령 제15조 제4항에 따른 상속재산의 100분의 50 이상을 처분하는 경우. 다만, 같은령 제15조 제8항 제1호 각 목의 가업용 자산의 처분에 정당한 사유가 있는 경우는 제외한다.

ⓑ 다음 각 목의 어느 하나에 해당하는 경우. 같은 령 제15조 제8항 제2호 각 목의 가업에 종사하지 않는 것에 정당한 사유가 있는 경우는 제외한다)
　㉠ 상속인(제15조 제3항 제2호 후단에 해당하는 경우에는 상속인의 배우자)이 대표이사등으로 종사하지 아니하는 경우
　㉡ 해당 사업을 1년 이상 휴업(실적이 없는 경우를 포함한다)하거나 폐업하는 경우
ⓒ 상속인이 최대주주등에 해당되지 아니하게 되는 경우. 다만, 상속세및증여세법 시행령 제15조 제8항 제3호 다목 및 라목17)에 해당하는 경우는 제외한다.
⑤ 유아교육법 제7조 제3호에 따른 사립유치원에 직접 사용하는 교지(校地), 실습지(實習地), 교사(校舍) 등의 상속재산을 해당 사업에 직접 사용하지 아니하는 경우 등 다음에 해당하는 경우. 2016.1.1. 이후 상속분부터 적용한다.
　ⓐ 사립유치원이 폐쇄되는 경우
　ⓑ 상속받은 사립유치원 재산을 사립유치원에 직접 사용하지 않는 경우

(2) 연부연납의 취소 또는 변경방법

상속세및증여세법 제71조 제2항 제1호에 의하여 상속세중 가업상속재산에 상당하는 세액에 대하여 연부연납 허가를 받은 후 같은 법 제71조 제4항 제4호 및 제5호에 해당하는 경우 즉, 해당 상속인이 가업에 종사하지 아니하게 된 경우 또는 납세의무자중 일부가 세액을 납부하지 아니하는 경우에는 다음의 어느 하나의 방법에 따라 당초 허가한 연부연납을 취소하거나 변경한다. 이 경우 연부연납을 변경하여 허가하는 경우 연부연납 금액에 관하여는 같은법 시행령 제68조 제1항 제3호를 준용한다(상증령 §68 ⑨).

---

17) 상속세및증여세법 시행령 제15조 제8항 제3호
　다. 상속인이 사망한 경우. 다만, 사망한 자의 상속인이 원래 상속인의 지위를 승계하여 가업에 종사하는 경우에 한한다. (2013. 2.15. 단서개정)
　라. 주식등을 국가 또는 지방자치단체에 증여하는 경우

(가) 가업상속에 대하여 연부연납기간 특례받은 후 가업에 종사하지 아니하는 경우

연부연납 허가일로부터 10년 내에 상속세및증여세법 제71조 제4항 제4호(상속받은 사업을 폐업하거나 해당 상속인이 그 사업에 종사하지 아니하게 된 경우 등 대통령령으로 정하는 사유에 해당하는 경우) 또는 제5호(유아교육법 제7조 제3호에 따른 사립 유치원에 직접 사용하는 재산 등 대통령령으로 정하는 재산을 해당 사업에 직접 사용하지 아니하는 경우 등 대통령령으로 정하는 경우)에 해당하는 경우에는 허가일로부터 10년에 미달하는 잔여기간에 한하여 연부연납을 변경하여 허가한다. 상속세에 대한 일반 연부연납기간을 적용한다는 의미이다.

(나) 납세의무자 중 일부가 세액을 납부하지 아니하는 경우

납세의무자가 공동으로 연부연납 허가를 받은 경우로서 납세의무자 중 일부가 연부연납 세액을 납부하지 않아 상속세및증여세법 제71조 제4항 제1호에 해당하는 경우에는 연부연납 세액을 납부하지 않은 납세의무자에 대한 연부연납 허가를 취소하고, 나머지 납세의무자에 대해서는 연부연납기간에서 허가일부터 같은 법 제71조 제4항 제1호에 해당하게 된 날까지의 기간을 뺀 기간의 범위에서 연부연납을 변경하여 허가하며, 미납자가 납부해야 할 연부연납 세액을 일시에 징수한다. 이 경우 같은 법 제71조 제1항 후단에 따라 제공한 담보로써 해당 세액을 징수하려는 경우에는 먼저 미납자가 제공한 담보(미납자가 다른 납세의무자와 공동으로 담보를 제공한 경우로서 미납자의 담보에 해당하는 부분을 특정할 수 있는 경우에는 그 부분을 말한다)로써 해당 세액을 징수해야 한다. 동 개정규정은 2023.2.28. 이후 연부연납 허가를 취소·변경하는 경우부터 적용한다(영 부칙 8조).

11. 연부연납가산금

(1) 의의

연부연납을 허가하게 되면 연부연납허가를 받은 자는 납부기한의 이익을 얻게 된다. 따라서 연부연납허가를 받은 자는 연부연납금액과 연부연납일수에 가산율을 적용하여 산정한 가산금을 각 회분의 분할납부 세액에 가산하여 납부해야 한다.

(2) 연부연납가산금의 가산율

(가) 2020.2.11. 이후 신청분은 납부일 현재 이자율 적용

연부연납가산금의 가산율은 각각 각 회분의 분할납부세액의 납부일 현재 국세기본법 시행령 제43조의3 제2항 본문에 따른 이자율을 말한다(상증령 §69). 동 개정규정은 2020.2.11.이후 연부연납을 신청하는 분부터 적용한다. 다만, 2020.2.11. 전에 연부연납 기간 중에 있는 분에 대해서는 2020.2.11. 이후 납부하는 분부터 동 개정규정을 적용할 수 있으며, 같은 개정규정을 적용한 이후 연부연납 기간에 대해서는 개정규정을 계속하여 적용해야 한다(부칙 §12).

┃ 연부연납가산금의 가산율 ┃

2019.3.20.~ 2020.3.12.	2020.3.13.~ 2021.3.15.	2021.3.16.~ 2023.3.19.	2023.3.20.~ 2024.3.21.	2024.3.22.~ 2025.3.20	2025.3.21.~
연2.1%	연1.8%	연1.2%	연2.9%	연3.5%	연3.1%

(나) 연부연납기간중에 이자율이 1회 이상 변경된 경우

연부연납가산금 납부의 대상이 되는 기간 중에 가산율이 1회 이상 변경된 경우 그 변경 전의 기간에 대해서는 변경 전의 가산율을 적용하여 계산한 금액을 각 회분의 분할납부 세액에 가산한다(상증령 §69 ②). 동 규정은 2023.2.28.에 개정된 것으로 2023.2.28. 이후 연부연납 가산금을 납부하는 경우부터 적용한다. 그러나 2023.2.28. 전에 연부연납 허가를 받은 자가 2023.2.28. 이후 연부연납 가산금을 납부하는 경우에는 연부연납 허가를 받은 자의 선택에 따라 동 개정 규정을 적용하지 않을 수 있다. 이 경우 이 개정규정을 적용하지 않는 경우에는 이후의 연부연납 기간 동안에도 같은 개정규정을 계속하여 적용하지 않는다(부칙 §9).

(다) 2020.2.11. 전 신청분은 신청당시 이자율 적용

국세청은 "각 회분의 연부연납가산금의 가산율은 연부연납 신청 당시의 국세기본법 시행령 제43조의3 제2항에 따른 이자율이 적용된다"라고 해석(상속증여세과-1375, 2017.12.22.)하고 있다. 조세심판원도 종전의 결정을 변경하여 연부연납

가산금을 납부할 때마다 당시 금리가 적용된다고 해석하는 경우 금리 인상시 납세자는 증가된 가산금을 부담하게 되어 불리하고, 가산금 증가로 인한 과세관청은 일시징수의 불이익이 발생할 수 있어 납세자의 예측가능성을 침해하고 조세법률관계의 안정성을 해치게 되는바, 연부연납 신청 당시의 이자율을 적용하여 가산금을 가산함이 타당하다고 결정(조심 2017서4168, 2017.11.16. ;심사증여 2018-0019, 2019.6.5. 등 다수)하고 있다.

(라) 2023.2.28.전에 연부연납 허가받아 연부연납 진행중인 납세자의 개정규정 적용신청 방법

국세청은 연부연납 가산금 이자율이 개정됨에 따라 2023.2.28.전에 연부연납 허가를 받아 연부연납 진행중인 납세자에게 안내문을 발송하여 2023.2.28. 개정된 규정의 제외 신청을 받고 있다. 즉 납세자의 선택에 따라 신청하지 않으면 연부연납 기간중 기간별 변동된 이자율이 적용되는 반면 개정규정 제외 신청을 하게되면 납부일 현재 이자율이 적용된다. 그러므로 현재 시점에서는 이자율이 올라가는 시기이므로 기간별 변동이자율이 적용되는 것이 납세자에게 유리하므로 개정 규정 제외 신청을 할 필요가 없다. 그러나 이자율이 하락하는 시기에는 납부일 현재 이자율이 적용되는 것이 좋으므로 2023.2.28. 개정된 개정규정의 제외신청을 하는 것이 유리하다. 다만, 개정규정 적용 제외 신청을 한번 하게 되면 기간별 변동이자율을 적용받을 수 없으므로 여러 가지 고려하여 신청하여야 한다.

(3) 연부연납가산금의 계산방법

(가) 첫회 납부할 연부연납가산금

1회분의 분할납부세액에 대하여는 연부연납을 허가받은 총세액에 대하여 상속세 및 증여세의 신고기한 또는 납부고지서에 의한 납부기한의 다음날부터 당해 분할납부세액의 납부기한까지의 일수에 대통령령이 정하는 율을 곱하여 계산한 금액(상증법 §72 1)이다.

> 첫회 납부할 연부연납가산금 =
>   연부연납총세액 × 신고 또는 납부기한의 다음날부터 첫회 분할납부세액의 납부기한까지 일수 × 연부연납가산금율

(나) 첫회 이후 연부연납가산금

(1)외의 경우에는 연부연납을 허가받은 총세액에서 직전회까지 납부한 분할납부세액의 합산금액을 뺀 잔액에 대하여 직전회의 분할납부세액 납부기한의 다음날부터 당해 분할납부기한까지의 일수에 대통령령이 정하는 율을 곱하여 계산한 금액

상기에서 "대통령령이 정하는 율"이라 함은 금융기관의 1년 만기 정기예금이자율의 평균을 감안하여 기획재정부장관이 정하여 고시하는 율을 말하는 것이다.

> 첫회 이후 연부연납가산금 =
>   (연부연납총세액 − 직전회까지 납부한 세액) × 직전회 분할납부 세액 납부기한의 다음날부터 당해 분할납부 세액의 납부기한까지 일수 × 연부연납가산금율

(다) 상속세 납부세액이 감액된 경우 가산금 재계산

연부연납된 세액이 불복청구 등에 의하여 감액된 경우 최종 확정된 세액을 기준으로 하여 당초부터 연부연납가산금을 재계산하게 되며(서면4팀-666, 2004.5.14.), 감액된 연부연납가산금의 환급은 국세기본법 제52조 제1호 단서의 규정 즉, 국세환급금이 2회 이상 분할납부된 것인 때에는 그 최후의 납부일로 하되, 국세환급금이 최후에 납부된 금액을 초과하는 경우에는 그 금액에 달할 때까지 납부일의 순서로 소급하여 계산한 국세환급금의 각 납부일로 하여 환급한다(상증통 72-0…1).

(라) 연부연납 신청자가 허가통지전에 전부 또는 일부를 납부하는 경우 연부연납가산금계산

연부연납을 신청한 자가 허가통지를 받기 전에 연부연납세액의 전부 또는 일부를 일시에 납부코자 그 사실을 서면으로 기재하여 신청하는 경우 관할세무서장은 연부연납세액의 전부 또는 일부를 일시에 납부하도록 허가할 수 있는 것이며, 이 경우 연부연납가산금은 신고기한의 다음날부터 당해 세액의 납부기한까지의 기간에 따라 계산하여 징수하게 된다(서일46014-10869, 2002.7.3.).

[별지 제11호서식] (2024. 3. 22. 개정)

상속세(증여세) 연부연납허가(변경, 철회) 신청서

(앞쪽)

관리번호	-		
신 청 인	① 성 명		② 주민등록번호
	③ 주 소 (☎ :)		④ 전자우편주소
재산별 구분	⑤ [ ] 「상속세 및 증여세법」 제71조제2항제1호가목의 상속재산 [ ] 그 밖의 상속재산 [ ] 「조세특례제한법」 제30조의6을 적용받은 증여재산 [ ] 그 밖의 증여재산		
피 상 속 인 (증여자)	⑥ 성 명		⑦ 주민등록번호
세무대리인	성 명	사업자등록번호 생년월일	연락처

⑧ 신 고 (고지납부)기한	⑨ 총 납부세액	⑩ 최초 납부세액	⑪ 연부연납 대상금액 (⑨-⑩)

구 분	1회	2회	3회	4회	5회	6회	7회	8회	9회	10회
납부예정일										
납부예정 세액										
구 분	11회	12회	13회	14회	15회	16회	17회	18회	19회	20회
납부예정일										
납부예정 세액										

「상속세 및 증여세법」 제71조 및 같은 법 시행령 제67조·제68조에 따라 위와 같이 연부연납 허가를 신청(( )최초,( )변경,( )철회)합니다.

년   월   일

신청인   (서명 또는 인)
신청인   (서명 또는 인)
신청인   (서명 또는 인)
신청인   (서명 또는 인)
세무대리인   (서명 또는 인)

등 기 승 낙 서

년 월 일 납세담보제공서에 표시된 부동산에 대하여 납세담보의 목적으로 저당권을 설정할 것을 승낙합니다.

년   월   일

신청인   (서명 또는 인)

세무서장 귀하

신청인 제출서류	1. 유가증권인 경우 공탁영수증 1부 2. 은행의 지급보증서 1부 3. 납세담보제공서 1부	수수료 없음
담당공무원 확인사항	1. 토지 등기사항증명서 2. 건물 등기사항증명서	

행정정보 공동이용 동의서

본인은 이 건 업무처리와 관련하여 담당 공무원이 「전자정부법」 제36조제1항에 따른 행정정보의 공동이용을 통하여 위의 담당 공무원 확인사항을 확인하는 것에 동의합니다.   * 동의하지 않는 경우에는 신청인이 직접 관련 서류를 제출해야 합니다.

신청인   (서명 또는 인)

210mm×297mm[백상지 80g/㎡]

제5절 기타 가업승계 조세지원제도

(뒤쪽)

작성방법

1. ⑩란에는 상속세(증여세) 신고납부기한(기한 후 신고 포함) 또는 납세고지서에 따른 납부기한까지 납부하였거나 납부할 상속세(증여세)액을 적습니다.
2. 연부연납기간은 다음 각 목의 구분에 따른 기간의 범위로 합니다.
    가. 상속세의 경우
       1) 「상속세 및 증여세법」 제18조의2에 따라 가업상속공제를 받았거나 「상속세 및 증여세법 시행령」 제68조 제3항 각 호의 요건을 충족하는 중소기업 또는 중견기업을 상속받은 경우: 연부연납 허가일부터 20년 또는 연부연납 허가 후 10년이 되는 날부터 10년
       2) 그 밖의 상속재산의 경우: 연부연납 허가일부터 10년
    나. 증여세의 경우
       1) 「조세특례제한법」 제30조의6에 따른 과세특례를 적용받은 증여재산: 연부연납 허가일부터 15년
       2) 1) 외의 증여재산: 연부연납 허가일부터 5년
3. 가업상속재산이 아닌 경우로서 신고납부(납세고지서의 납부)기한과 신고납부(납세고지서의 납부)기한 경과 후 연부연납기간에 매년 납부할 금액은[연부연납 대상금액 / (연부연납기간 + 1)]으로 하며, 이 경우 각 회분의 납부예정 세액은 1천만원을 초과하도록 적어야 합니다.
4. 가업상속재산에 해당하는 경우로서 연부연납 허가 후 10년이 되는 날부터 연부연납기간에 매년 납부할 금액은 [연부연납 대상금액 / (연부연납기간 + 1)]로 합니다. 이 경우 각 회분의 납부예정 세액은 1천만원을 초과하도록 적어야 합니다.
5. 납부예정세액은 연부연납신청세액에 연부연납 각 회분의 분할납부세액의 납부일 현재 「국세기본법 시행령」 제43조의3제2항 본문에 따른 이자율을 적용하여 계산한 연부연납 가산금을 더한 가액을 적습니다. 다만, 가산금 납부의 대상이 되는 기간 중에 「국세기본법 시행령」 제43조의3 제2항 본문에 따른 이자율이 1회 이상 변경된 경우 그 변경 전의 기간에 대해서는 변경 전의 이자율을 적용하여 연부연납 가산금을 계산합니다.
6. 상속인 전부가 연부연납을 신청하되, 연부연납을 신청하려는 상속인이 다른 공동상속인에게 공동신청을 요청했으나 그 공동상속인의 거부 또는 주소불명 등의 사유로 공동신청이 곤란하다고 인정되는 경우에는 상속인이 상속재산 중 본인이 받았거나 받을 재산에 대한 상속세를 한도로 연부연납을 신청할 수 있습니다.
7. 상속세 또는 증여세 납부세액이 2천만원 이하인 경우에는 연부연납을 신청할 수 없습니다.

210mm×297mm[백상지 80g/㎡]

[별지 제10호 서식] (삭제, 2021. 3. 16.)

납 세 담 보 제 공 서

처리기간
7 일

제공인	①성 명		②주민등록번호		③사 업 자 등록번호	
	④주소 또는 영업소					
	⑤상 호				⑥전화번호	
납세자	⑦명 칭 (성 명)		⑧주민등록번호		⑨사 업 자 등록번호	
	⑩주소 또는 영업소				⑪전화번호	

담보제공에 관련된 국세내용

⑫세 목	⑬연도기분	⑭국 세	⑮가 산 금	(16)체납처분비	(17) 계

(18)담보제공사유	
(19)담보의 명세	

국세기본법 제31조의 규정에 의하여　　　　원에 대한 납세담보로 제공합니다.

년　월　일

제공인　　　　(서명 또는 인)

세 무 서 장　귀하

구비서류: 납세담보제공에 필요한 서류 ※ 이 용지는 무료로 배부합니다.	수수료
	없 음

II 최대주주가 소유한 중소·중견기업 주식에 대한 할증평가 면제

1. 의의

주식회사의 경우에 재산권의 행사는 주식에 의하여 이루어지게 되는데, 주주평등의 원칙에 따라 주식을 가진 주주는 회사에 대하여 갖는 법률관계에 관하여는 그가 보유하는 주식의 수에 따라 평등하게 취급받게 된다. 그러나 최대주주등이 보유하는 주식은 통상적인 주식가치에 더하여 당해 회사의 경영권 내지 지배권을 행사할 수 있는 특수한 가치, 이른바 '경영권 프리미엄'을 지니고 있게 된다(서울고법 2010누30330, 2011.2.10.).이와 같이 최대주주 등이 갖고 있는 경영권프리미엄을 상속세및증여세법상 주식을 평가할 때 반영한 것이 할증평가규정이다.

2022.12.31. 세법개정시 직전 3개 연도 평균매출액이 5천억원 이하인 중견기업이 발행한 주식에 대하여 할증평가를 면제하도록 개정이 되었으며 2023.1.1.이후 상속증여분부터 적용한다.

2. 최대주주의 주식에 대한 할증평가 및 최대주주의 범위

(1) 최대주주의 주식에 대한 할증평가

최대주주 또는 최대출자자 및 그의 특수관계인에 해당하는 주주등의 주식등에 대해서는 상속세및증여세법 제63조 제1항 제1호 및 제2항에 따라 평가한 가액 또는 제60조 제2항에 따라 인정되는 가액에 그 가액의 100분의 20을 가산한다(상증법§63 ③) 이때 "최대주주등"은 최대주주 또는 최대출자자 1인이 보유하고 있는 주식등을 발행한 법인의 주식등(자기주식 및 자기출자지분은 제외한다)을 보유한 자에 한정한다(사전-2021-법령해석재산-0928, 2021.12.07.).

(2) 최대주주 등의 범위

최대주주 또는 최대출자자라 함은 주주 등 1인과 상속세및증여세법 시행령 제2조의2 제1항 각호의 어느 하나에 해당하는 특수관계인의 보유주식 등을 합하여 그 보유주식 등의 합계가 가장 많은 경우의 해당 주주등 1인과 그의 특수관계인 모두를 말한다(상증령 §19 ②).

(3) 최대주주 등의 판정기준

최대주주 등의 판정은 다음에 의한다(상증통 22-19-1).
① 주주 1인과 상속세및증여세법 시행령 제2조의2 제1항 각호의 어느 하나에 해당하는 특수관계인의 보유주식등을 합하여 최대주주등에 해당하는 경우에는 주주 1인 및 그와 특수관계에 있는 자 모두를 최대주주등으로 본다.
② ①에 의한 보유주식의 합계가 동일한 최대주주 등이 2 이상인 경우에는 모두를 최대주주등으로 본다.

3. 할증평가를 하지 아니하는 경우

주식 등을 평가하면서 최대주주 등이 보유한 주식 등에 대해서는 경영권프리미엄을 가산하도록 하고 있으나, 다음과 같이 중소기업에 해당하거나 사업개시후 3년 미만으로 결손이거나 신고기한 이내에 청산되어 경영권 프리미엄이 없는 경우, 경영권이 있는 주식의 매매가액을 시가로 인정하는 경우 등에는 경영권프리미엄에 대해 가산하는 당초의 취지와 무관하므로 할증평가를 제외한다(상증법 §63 ③, 상증령 §53 ⑦).
① 평가기준일이 속하는 사업연도 전 3년 이내의 사업연도부터 계속하여 법인세법 제14조 제2항의 규정에 의한 결손금이 있는 법인의 주식 등
② 평가기준일 전후 6월(증여재산의 경우에는 평가기준일 전 6개월부터 평가기준일 후 3개월[18])이내의 기간 중 최대주주 등이 보유하는 주식 등이 전부 매각된 경우(상속세및증여세법 시행령 제49조 제1항 제1호의 거래가액을 시가로 적용하는 경우에만 해당한다). 이 규정은 불특정다수인간에 거래된 가액은 시가의 범위에 포함되며, 그 거래가액에는 이미 경영권 프리미엄이 포함되어 있는 것으로 보기 때문인 것으로 판단된다.

---

[18] 2020.2.11. 이후 증여받는 분부터 적용하며, 2020.2.11 전 증여분은 평가기준일 전 3개월부터 평가기준일 후 3개월이 된다.

③ 상속세및증여세법 시행령 제28조, 제29조, 제29조의2, 제29조의3 및 제30조(합병·증자·감자·현물출자에 따른 이익 및 전환사채 등 주식전환 등에 따른 이익계산)까지의 규정에 따른 이익을 계산하는 경우.
④ 평가대상인 주식등을 발행한 법인이 다른 법인이 발행한 주식등을 보유함으로써 그 다른 법인의 최대주주등에 해당하는 경우로서 그 다른 법인의 주식등을 평가하는 경우. 이 개정규정은 2021.2.17. 이후 상속세 과세표준 및 증여세 과세표준을 신고하는 분부터 적용된다.
⑤ 평가기준일부터 소급하여 3년 이내에 사업을 개시한 법인으로서 사업개시일이 속하는 사업연도부터 평가기준일이 속하는 사업연도의 직전 사업연도까지 각 사업연도의 기업회계기준에 따른 영업이익이 모두 '0'이하인 경우
⑥ 상속세과세표준신고기한 또는 증여세과세표준신고기한 이내에 평가대상주식 등을 발행한 법인의 청산이 확정된 경우
⑦ 최대주주 등이 보유하고 있는 주식 등을 최대주주등 외의 자가 상속세및증여세법 제47조 제2항에서 규정하고 있는 기간(증여합산과세기간을 말함 : 10년) 이내에 상속 또는 증여받은 경우로서 상속 또는 증여로 인하여 최대주주 등에 해당되지 아니하는 경우
⑧ 주식등의 실제소유자와 명의자가 다른 경우로서 상속세및증여세법 제45조의2(명의신탁재산의 증여 의제)에 따라 해당 주식등을 명의자가 실제소유자로부터 증여받은 것으로 보는 경우. 이 개정 규정은 2016.2.5. 이후 최초로 평가하여 결정·경정하는 분부터 할증평가를 면제하도록 개정되었다(재재산-8, 2017.1.6.). 다만, 2016.2.5. 개정된 구 상증세법 시행령의 시행 전에 해당 주식의 가액을 평가하였다면, 그전의 법령에 따라 최대주주 할증가액이 가산되어야 한다(대법 2017두48451, 2018.2.8.).
⑨ 중소기업기본법 제2조에 따른 중소기업이 발행한 주식
⑩ 중견기업 성장촉진 및 경쟁력 강화에 관한 특별법 제2조에 따른 중견기업으로서 상속개시일 또는 증여일이 속하는 사업연도의 직전 3개 사업연도의 매출액의 평균금액이 5천억원 미만인 중견기업이 발행한 주식. 2023.1.1.이후 상속 증여분부터 적용한다.

4. 중소기업·중견기업 주식에 대한 할증평가의 면제

(1) 중소기업 주식에 대한 할증평가 면제

최대주주 등이 보유하는 주식 등이 중소기업의 주식 등에 해당하는 경우에는 해당 주식 등을 상속받거나 증여받는 경우에 할증평가를 하지 아니한다(상증법 §63 ③, 상증령 §53 ⑦). 이때 중소기업은 평가기준일 현재 중소기업기본법 제2조에 따른 중소기업에 해당하는 기업을 말한다(상증령 §53 ⑥). 2005~2019년까지 중소기업주식에 대한 할증평가 면제규정은 조세특례제한법 제101조에서 규정하였으나 2020.1.1. 이후 상속증여분부터 영구적으로 할증평가를 면제하고자 상속세및증여세법 제63조 제3항으로 이관하였다.

(2) 중견기업 주식에 대한 할증평가 면제

2023.1.1.이후 상속증여분부터 최대주주 등이 보유하는 주식 등이 중견기업의 주식 등에 해당하는 경우에는 해당 주식 등을 상속받거나 증여받는 경우에 할증평가를 하지 아니한다(상증법 §63 ③, 상증령 §53 ⑦). 이때 중견기업은 중견기업 성장촉진 및 경쟁력 강화에 관한 특별법 제2조에 따른 중견기업으로서 상속개시일 또는 증여일이 속하는 소득세 과세기간 또는 법인세 사업연도의 직전 3개 소득세 과세기간 또는 법인세 사업연도의 매출액의 평균금액이 5천억원 미만인 중견기업을 말한다(상증령 §53 ⑥). 이 경우 매출액은 기업회계기준에 따라 작성한 손익계산서상의 매출액을 기준으로 하며, 소득세 과세기간 또는 법인세 사업연도가 1년 미만인 소득세 과세기간 또는 법인세 사업연도의 매출액은 1년으로 환산한 매출액을 말한다.(상증법 §53 ⑦)

(3) 외국법인의 최대주주 주식 등에 대한 할증평가 면제 여부

평가대상법인이 외국법인의 최대주주에 해당하는 경우에도 상속세및증여세법 제63조 제3항의 규정에 의하여 할증평가를 한다(서면4팀-1559, 2004.10.5.). 다만, 외국법인은 중소기업기본법을 적용받지 못하므로 비록 외국법인의 최대주주가 보유한 주식 등이 중소기업기본법상 중소기업 요건을 갖추었다 하더라 해도 할증평가 면제규정을 적용받지 못한다.

가업승계 세무

발행일 : 2025년 5월
저 자 : 고경희 (e-mail: gohee119@empas.com)
감 수 : 신영은, 송진형
발행인 : 구 재 이
발행처 : 한국세무사회
주 소 : 서울시 서초구 명달로 105(서초동)
등 록 : 1991.11.20. 제21-286호
TEL. 02-597-2941   FAX. 0508-118-1857
ISBN 979-11-5520-197-8   부가기호 93320

저 자 와
협의하에
인지생략

〈이 책의 내용을 한국세무사회의 허락없이 무단복제 출판하는 것을 금합니다.〉
본서는 항상 그 완전성이 보장되는 것은 아니기 때문에 실제 적용할 경우에는
충분히 검토하시고 저자 또는 전문가와 상의하시기 바랍니다.

정가 9,000원